国家骨干高职院校旅游类规划教材

酒店会议策划与服务

主 编◎何 祥 李 炼

参 编◎宋慧娟 张芝敏 孙冬燕

中国旅游出版社

国家骨干高职院校旅游类规划教材
编委会

主　任　成都职业技术学院旅游分院院长　　赖　斌

副主任（排名不分先后）

成都职业技术学院旅游分院副院长　　余　昕

四川工程职业技术学院旅游系主任　　张宗书

四川交通职业技术学院旅游系主任　　刘　玺

成都纺织高等专科学校旅游系主任　　蒲　珠

四川工商职业技术学院旅游系主任　　蔡登火

四川商务职业学院旅游系主任　　罗晓东

眉山职业技术学院商贸旅游系主任　　彭瑞清

绵阳职业技术学院旅游系主任　　王　婷

乐山职业技术学院旅游系主任　　李忠东

四川省饭店行业协会常务副会长、四川盛嘉饭店管理有限公司　　鲍小伟

成都旅游职业教育集团副理事长、成都市旅游协会执行副会长　　温儒杰

洲际酒店集团成都世纪城大饭店酒店群区域人力资源总监　　夏萍辉

前　言

从整体上看，中国会议业的宏观管理体制和微观运作机制相对于德国、美国等会议发达国家都明显落后，国外的会议管理思想与机制相对比较成熟，形成了一些可以借鉴的模式，而国内对于会议的研究主要见于各种报刊的领导讲话，内容大多是从本区域、本单位情况出发，针对一些经验与教训进行归纳总结，很少上升到系统理论高度来进行跨区域的研究。

本教材定位于会展产业发展人才需求数量最多最广的高职高专教育层次，是在对会展职业教育的培养目标、人才规格、教育特色等方面的把握和对会展职业教育理解以及对发达国家会展职业教育的借鉴基础上编写而成的。其意义将不仅仅局限在高职高专教学过程本身，而且还会产生一定的牵动和示范效应，对高职高专会展策划与管理专业的健康发展产生积极的推动作用。

进入 21 世纪，会议组织工作呈现出两大特点：一是随着行政改革的深入，现代型企业制度的建立，人们对会议的效率和质量有了更高的要求；二是数字技术、网络技术的高速发展给会议管理和运作带来了全新的理念，这就需要一批能够熟悉会议组织、技巧和规律，熟练掌握现代会议技术的新型会议人员来加强会议的管理。

在编写这套教材的过程中，我们力求系统、完整、准确地介绍会展策划与管理专业的基本理论和知识，围绕培养目标，通过理论与实际相结合，构建会展应用型高职高专系列教材特色。本套教材的内容有知识新、结构新、重应用等特点。作为一本工学结合教材全面分析了真实的会议工作案例，围绕着会前、会中、会后三个主要阶段，探讨了会务管理工作中的一些规律和特点。写作中，我们按照高职教育工学结合理念设置工作情景，通过分析研究总结会议工作实例，提炼出若干典型的工作项目，每个项目再细化成若干任务，归纳出一些具有典型意义的技能点，以帮助学生掌握会议管理工作的关键技能，提高实际办会能力。本教材项目一、项目三由宋慧娟老师编写，项目二由李炼老师编写，项目四由张芝敏老师编写，项目五由何祥老师编写，项目六、项目七由孙冬燕老师编写。

由于编写仓促，书中错误之处在所难免，敬请各位专家指正。

目 录
CONTENTS

会议概说

职业能力目标 ≫

能了解会议的含义与特点；能认识会议活动的七大基本要素；能掌握会议按照七大不同标准的分类；能掌握会议的四项工作原则。

任务导入 ≫

在某会议公司定期的专业培训会上，每期都会学习1~2个经典会议案例，本期的案例是"2010年上海世博会"，如果你是本次培训会的主讲人，你会从哪些方面来介绍和展示？如何厘清你的演讲思路？

任务一　会议的含义与特点

一、会议的起源与发展

会议，是人类社会古已有之的社会行为。据史料记载，早在原始社会阶段，部落首领召集氏族议事、选举酋长等就已经采用了会议的方式。在我国的史籍中就记载着尧召集部落酋长用会议形式决定继承人和治水人选的事情。

在中外社会发展的历史长河中，有不少关于重要会议的记载，例如，我国春秋时期的齐桓公于公元前651年在葵丘召开各诸侯会盟，提出"尊王攘夷"的政治主张，从而确立了自己春秋霸主的地位。又如18世纪末期，在美国大陆会议中，与会各州的代表宣布美国独立，同时发表了《独立宣言》，从而拉开了美国独立战争的序幕。

在现代社会里，会议被人们更高频率地使用，甚至成为许多人职场工作的主要内容。据调查，经理级和专业人员每周约有 1/4 的时间是花费在开会上；而在企业里，有80% 的员工，获得重视或提升是源于他们在会议上的表现引起了上司的注意和赏识。由此可见，会议已经高度渗透到了现代人的职业生涯中，而每个人的会议表现，则成了领导对员工职场表现的重要评价依据。所以可以毫不夸张地说，现代社会里，只要你在工作，你就一定离不开会议！

二、会议的含义

《韦氏新大学词典》关于"会议"的解释是：会议乃一种会晤的行为或过程，是为了一个共同目的的集会。从字义上理解，"会"包含有聚合、会合、碰头、会面等意思；"议"是指商讨、商议，就具体事情（或问题）展开讨论和研究。因此，从本质上看，"会议"其实就是把人们召集在一起讨论事情、解决问题的一种社会活动方式。在飞速发展的现代社会中，会议是人们开展政务、经济、文化以及其他社会活动的一种必不可少的重要方式。

《现代汉语词典》（修订本）对"会议"的释义是：会议是有组织、有领导地商议事情的集会，一些无领导、无组织、无目的的聚合议论、闲聊，则不能称为会议。

孙中山先生《民权初步》中对会议有一段精彩的论述："凡研究事理而为之解决，一人谓之独思，二人谓之对话，三人以上而循有一定规则者，则谓之会议。"会议是人们最常见的一种交往形式，会是指多人相聚，议是指协商事宜，会议合在一起就是人们聚集在一起协商事宜、交流信息、沟通情感、达成共识的一种重要的行为过程，是人们在社会生活中处理有关问题的一项经常性的活动形式。

根据以上定义，我们得知，会议必须具备以下三点：

（1）必须由三个以上的人参与；

（2）必须有一定的议题和目标；

（3）必须通过一定的程序达到目标。

会议可以说是无处不在，不仅在国家机关、企事业单位，人们经常需要有组织、有领导地聚集在一起商议事项、进行交流，而且国与国之间、国际组织之间，也需要通过会议进行沟通、交流、协商，以避免矛盾和冲突，达成共识，如上海世博会、博鳌论坛，世界气候大会等。会议已成为人类解决各种问题必不可少的方式。

可见，会议是一种围绕特定目标进行的、以口头发言或书面交流为主要方式的有组织、有计划的商议活动。会议有广义和狭义之分：狭义的会议是指至少有三人参加的集体性商议活动，即传统的会议，广义的会议还包括两人或双方之间的会见与会谈以及各种仪式。形成会议的主要条件是：有明确的指导思想、预期目标、具体议题，有明确的时间、地点，有主持人和参加人员。

三、会议的特点

现代的会议形形色色，但是却仍存在着以下共同的特点：

（1）目的性

会议是为了某一明确的目的而开展的活动。无论在远古蒙昧时期，还是在当今国际经济一体化社会，举行任何一种形式的会议都有明确的目的，有的会议是布置任务、落实措施，有的是贯彻政策、互通信息，有的是总结工作、交流经验，还有的是为了宣传教育、表彰先进。比如，举行各级人民代表大会就是为了使各级国家权力机关及时、充分地发挥其职能，实现国家法制化和决策民主化。如2005年首届中国旅游景区管理经验交流会，这次会议的目的是帮助旅游行政管理人员、旅游景区管理人员和相关理论研究者更深入、更集中地了解国内旅游景区的现状和发展趋势，为解决景区可持续发展过程中出现的问题搭建互动平台，从而使景区更快、更健康地发展。

（2）组织计划性

会议活动不仅要有明确的目标，而且要有一定的组织和计划。一般会议都设有会议主持人，一些大型的会议有时还要设立会议组织机构，包括主席团、秘书组、会务组等。组织一场会议，常常要经过确定会议目标、制定会议议题、选择会场、确定会议时间等一系列程序。会议活动只有具备高度组织性，才能有序地进行，从而实现会议的目标。

（3）群体沟通性

会议是一种至少有三人以上参加的群体沟通活动。随着科技的迅猛发展，人们的沟通方式越来越多，现在人们可以通过电话、E-mail、多媒体等形式进行沟通。但是面对面的群体沟通，即会议这种方式，是任何其他沟通方式都难以替代的，因为这种方式最直接、最直观，也最符合人类原本的沟通习惯。

（4）交流方式多样性

传统的会议是以口头交流为主、书面交流为辅的活动方式。但是根据现代会议所采用的交流方式来看，在会场上还可以运用图表、电脑多媒体、影视或录像等方式进行交流。会议是一个集合的载体，大家聚集在一起共同讨论、交流。通过会议使不同的人、不同的想法汇聚一堂，相互碰撞，从而产生新想法、金点子。许多高水平的创意就是开会期间不同观念相互碰撞的产物。

任务二　会议活动的基本要素

会议活动的基本要素主要包括：会议人员、会议名称、会议议题、会议时间、会议地点、会议方式和会议结果。

一、会议人员

会议人员是指参与整个会议过程的人员，可具体分为会议主体、会议客体以及其他与会议有关的人员。

（一）会议主体

会议主体是指主要策划、组织会议的人员，包括主办单位、承办单位、支持单位、赞助单位、协办单位等。

1. 主办单位

会议的主办者是会议活动的具体组织者，是拥有会议举办权并对会议承担主要法律责任的组织单位。其任务主要是根据会议的目标和规则制订具体的会议方案并加以实施，为会议活动提供必要的场所、设施和服务，确保会议的顺利进行。

2. 承办单位

会议的承办者是指具体落实会议组织任务的机构或个人。直接负责活动的实际策划、组织、管理、运作，并对活动承担主要财务责任的组织单位。承办单位是活动组织机构中较为核心的单位，对活动的举办有着重大的影响。

3. 支持单位

支持单位是指为会议的召开给予全力支持的机构。对会议主办或承办单位的活动策划、组织、管理、运作或对其招商、宣传和推广等工作起支持作用的组织机构。支持单位基本上不对会议活动承担任何责任，包括法律责任和财务责任。

4. 赞助单位

赞助单位是指为会议的顺利召开提供经济帮助或设备、场地支持的机构。赞助单位是为了实现自己的目标（获得宣传效果）而向会议提供资金或其他形式的支持。

5. 协办单位

协办单位即协助安排、组织会议的机构。协助主办或承担单位的策划、组织、管理、运作以及招商、宣传和推广等工作的单位。虽然协办单位对活动一般不承担财务责任，也不承担重要的招商、宣传和推广工作，但它们所起的作用往往是主办或承办单位所缺乏的。

6. 合作单位

合作单位即对于会议的召开与会议主办者进行合作的机构。

（二）会议客体

会议的客体，即参加会议的对象，包括正式成员、列席成员、特邀成员、旁听成员。与会者的数量是决定会议规模的主要因素，一般来说，与会者的人数越多，会议的规模也就越大。

为了提高会议的高效性，邀请与会者时，应考虑以下要素：第一，能够提供信息、提出意见、做出决定，直接有助于会议达到预期效果的人。第二，对于一些重要的会议，与会者必须具有合法的身份和法定的资格。比如：人民代表大会的与会者必须是依法选举产生的人民代表；公司的董事会或股东大会的与会者必须是按照公司组织和公司章程正式确定的董事或股东；研讨会的与会者必须是对研讨的课题有深厚的专业知识背景，能够提出见解或解决方案的专家和实际工作者。

1. 正式成员

即具有正式资格，有表决权、选举权和发言权的会议成员，也是会议活动的主要成员。

2. 列席成员

即不具有正式资格，有一定的发言权，但无表决权和选举权的会议成员。是否需要列席成员参加会议，哪些对象应当作为列席成员，列席成员应该参加会议中的哪些活动，由会议的组织者根据会议内容的实际需要来确定。

3. 特邀成员

由会议的主办者根据会议的需要而专门邀请的成员，如上级单位的领导人、特别来宾、报告人等。

4. 旁听成员

即受邀请参加会议，但不具有正式资格，既无表决权，也无发言权的会议成员。

5. 其他与会议有关的人员

其他与会议有关的人员包括：主持人、会务人员和会议服务人员等。

主持人往往也可以被看作会议的召集人、组织者或引导者。对于一般的小型会议，主持人也可以是召集人；而对于一些大型的会议，主持人就有可能会充当更多的角色，既是会议的组织者，也是会议的引导者。主持人对会议的正常开展和取得预期效果起着领导和保障作用。

会务工作是会务部门和秘书部门的经常性工作之一。从会议筹备到会议结束的整个过程中，会务部门通常承担着一系列工作，如会场选择，制作会议证件，准备会议文件、材料，会议签到、报到工作，后勤服务事宜等。

会议服务人员是指具体从事会场布置、设备支持、会场服务等方面的人员，以及负责会议生活服务的人员。

二、会议名称

会议的名称要求能概括并能显示会议的内容、性质、参加对象、主办单位，以及会议的时间、届次、地点、范围、规模等。当然，具体的某一次会议不可能也没有必要将上述项目全部展示，应视会议的具体要求而定。如"可口可乐（中国）饮料有限公司2009

年销售会议"显示了单位、时间、性质；2010 年 10 月在杭州举行的"第十二届西湖国际中小企业会议"显示了届次、地点、范围和性质；"深圳开发科技股份有限公司第十二次（2009 年度）股东大会"则显示了单位、时间、届次、范围、规模、性质、参加对象。

会议名称必须用确切、规范的文字表达，它既用于会议的"会议通知"，使与会者心中有数，做好准备，又用于会议的宣传、扩大会议的效果。大中型会议的会议名称做成横幅大标语，置于会议主场中的前方或后方，作为会议的标志，简称"会标"。会标必须用全称，不能随意省略，以免语意不顺或文理不通，产生误解。

三、会议议题

会议的议题是根据会议目标来确定并付诸会议讨论或解决的具体问题，是会议活动的必备要素。举行会议首先要明确为什么"议"和"议"什么。议题的产生通常有两种情况：一种是领导根据需要制定的；另一种是秘书经调查研究、综合信息之后反馈给领导，再由领导审批决定的。而有些重大的代表会议，先由代表提出"提案"，由大会秘书处汇总，再提交主席团审查通过，才能成为列入会议议程的议题。每一次会议的议题应尽可能集中，不宜过多，不宜太分散，尤其不宜把一些不相干的问题放在同一会议上讨论、研究。否则，就会分散与会者的注意力，不利于问题的解决。

议题的主要作用有两点：一是准确、具体地体现会议的目标，为目标服务。会议的目标有主次轻重之分。目标的主次轻重决定了议题的主次轻重。中心议题必须体现中心目标或主要目标。不能准确反映目标或者与目标无关的议题必须舍弃。二是引导和制约会议的发言。议题是会议交流的中心，与会者的报告、演讲应当紧紧围绕议题。一个好的议题往往能起到集思广益的作用。而议题含混不清，或者角度选择不当，就会造成议事困难，从而影响会议的效率。

四、会议时间

会议时间包括会议的召开时间和会期两个方面。会议的召开时间，指的是会议什么时候开始和结束的时间节点。会期通常是指会议期间聚会、活动一次以上的会议，从开始到结束之间所需的时间段。会议可短可长，少则几分钟、几十分钟，多则数小时、几天，甚至十几天。会议组织者应尽可能准确地预计会议需要的时间，在会议通知中写明并及时通知与会者，便于与会者有计划地安排自己的相关事宜。

五、会议地点

会议地点是指会议召开的举办地，也可以具体指举行会议活动的场所。为了使会议取得预期效果，应根据会议的性质和规模，综合考虑会场的大小、交通情况、环境与设备是否适合等因素。而有些重要会议在选择会议地点时，还要考虑其政治影响或经济效果。

六、会议方式

会议方式就是为了提高会议效率，实现会议目标而采取的各种形式或手段。如现场办公会、座谈会、观摩会、报告会、调查会、电话会等。随着电信媒体的广泛运用，有些企业已经采用"虚拟实境会议"，也就是"视频会议"的形式，还有采用有线电视、卫星传讯等手段，使得企业在开会方式上有了空前的发展。这些手段的运用除了注重人性的考虑，最重要的是使远距离沟通变得容易，不仅免除了舟车劳顿之苦及车旅费的开销，而且还能使各分公司与总公司紧密结合。招商银行就运用了视频会议系统，该系统帮助招商银行节省了会议时间和费用，促进了全国各地分支机构之间达成高效、及时的跨区域会议交流。

七、会议结果

会议结果，即会议结束时实现目标的情况。会议结果可能会与预想的目标一致，也可能与预想的目标有一定的差距。会议最好能达到会前设定的目标，如果不能，会议也要求至少有结果，即使只是一个初步的决议或协议。会议结果通常可以以会议决议、合同、条约、协定、声明等文件的形式记载下来，可以归档保存，也可以直接传达。

任务三　会议的种类与工作原则

人类社会的会议复杂多样，种类繁多，从不同的角度来看，同一个会议可以分为不同的种类。每类会议都有其各自的特点和办会要求，了解和掌握会议的类型，目的在于更好地认识和组织会议，在更大的程度上发挥会议的作用。

会议作为人们从事社会活动或从事各项工作的一种重要手段和方法，从不同角度可以划分为不同的类型。

一、会议的种类

（一）按照举办单位的性质划分

一般认为，按照举办单位性质不同划分，可将会议分为三大类，分别为公司类会议、协会类会议和其他组织会议。

1. 公司类会议

公司类会议规模大小不一，小到几个人，大到上千人。公司管理者强调的是信息传递，而公司内部信息传递的最基本方式便是会议。因此，公司类会议的数量极其庞大。有关机构在做会议数量统计时，很难准确统计公司类会议的数量，因为很多公司并不愿意对外宣传内部会议，如果将公司类会议比作冰山，那么它们被纳入统计资料的仅是冰山一角。

2. 协会类会议

协会类会议在会议市场中同样占有相当重要的位置。协会因人数和性质的不同而不同，它们的规模从小型地区性组织、省市级协会到全国性协会乃至国际性协会不等。协会大致可以划分为行业协会、专业和科学协会、教育协会和技术协会等类型。

3. 其他组织会议

这类会议的典型代表是政府机构会议，许多人在电视上看到过政治性会议。电视镜头中显现的虽然是主会场，但是不难想象背后对小型会议室、套房和宴会等设施的需求。

（二）按照会议的规模划分

根据会议的规模即参加会议人数的多少，可将会议分为小型会议、中型会议、大型会议及特大型会议。

1. 小型会议

一般是指少则几人，多则几十人参加的会议，但往往不少于三人，如各种办公会、座谈会、现场会。两人会面、交谈通常不称为会议。小型会议一般安排在工作现场或小型会议室召开。

2. 中型会议

一般是指人数在几十人至数百人参加的会议。如节日慰问会、表彰会、学术交流会和大型企事业单位的职代会。中型会议根据与会人员数量，可安排在会议厅或礼堂召开。

3. 大型会议

一般是指人数在千人至数千人参加的会议。如全国人民代表大会、博览会、交易会。大型会议一般在礼堂、会堂或剧场、会议中心召开。

4. 特大型会议

一般是指人数在万人以上的集会。如大型节日集会、庆祝大会等，特大型的会议一般可在体育场、露天广场召开。

（三）按照会议的性质划分

1. 年会（convention）

年会是就某一特定主题展开讨论的聚会，议题涉及政治、经贸、科学、教育或者技术等领域。年会通常包括一次全体会议和几个小组会议。年会可以单独召开，也可以附带展示会，多数年会是周期性的，最常见的周期是一年一次。

2. 专业会议（conference）

专业会议的议题通常是具体问题并就其展开讨论，可以召开分组小会，也可以只开大会。就与会者人数而言，专业会议的规模可大可小。

3. 代表会议（congress）

代表会议最常在欧洲和国际活动中使用。它常指在本质上同 conference 这样会议的事件和活动。只有在美国，这个词用来指立法机构。代表大会的出席人数差别很大。

4. 论坛（forum）

论坛的特点是反复深入的讨论，一般由小组组长或演讲者来主持。它可以有许多的听众参与，并可由专门小组成员与听众就问题的各方面发表意见和看法，两个或更多的讲演者可能持相反的立场，对听众发表讲演而不是互相讲给对方听。主持人主持讨论会并总结双方观点，允许听众提问，所以会议组织者必须对这种论坛会议提供多个话筒。

5. 座谈会、专题讨论会（symposium）

这种座谈会和专题讨论会除了更加正式外，与论坛那样的会议是一样的。不管个人还是专门小组参加，方法就是进行一种陈述讲演，有一些预定好的听众参加，但是一般讲要少一些论坛会议（forum）所拥有的那种平等交换意见的气氛和特征。

6. 讲座（lecture）

讲座要更正式一些，更有组织一些，常有一位专家进行个别讲演，讲座后观众的提问环节可有可无。讲座规模大小都有。

7. 研讨会、专家讨论会、讨论会（seminar）

这种讨论会形式通常有许多参与的活动，出席者有许多平等交换意见的机会，知识和经验被大家分享，研讨会通常是在讨论主持人的主持下进行的。这种形式明显地在相对范围内进行，当这样会议规模变大时，它就变成了论坛 forum 或 symposium 这样的讨论会或专题讨论会了。

8. 专题讨论会（workshop）

专题讨论会（workshop）的形式仅指处理专门问题或特殊分配任务的一般性小组会议，或许 workshop 这个词不常被采用，但 workshop 这种形式却是经常被培训负责人所采用来进行技术培训的，参加者实际上互相学习，同时分享新的知识、技能和对问题的看法。很明显它是以面对面商讨和参与性大为其特征的。

9. 专门小组就某一问题公开进行的讨论会（panel）

这种就某一问题公开进行的讨论会需要两位或者更多的提供观点或某一领域专门知识的讲演者，并和专门小组成员或听众一起公开进行讨论。这种研讨会总是由主持人掌握，可以是大型会议的一部分。

10. 培训性会议（training sessions）

一般至少要用一天的时间，多则几周。这类培训会议需要特定场所，培训内容高度集中，由某个领域的专业培训人员教授。

11. 奖励会议（incentive meetings）

公司对员工、分销商或客户的出色工作表现进行表彰奖励的会议。

（四）按照会议所跨的地域范围划分

1. 国际性会议

国际性会议指会议的内容涉及不同国家和地区，与会者来自不同国家和地区的会议，如联合国大会、国际经济发展会议、南北对话、西方国家首脑会议和亚太经济合作组织领导人非正式会议等。

2. 全国性会议

全国性会议指会议的内容涉及全国性问题，参加会议的人员来自全国各个地区的会议，如全国人民代表大会。

3. 地区性会议

地区性会议指省、市、县或其他地区性的会议，如市政府常务会议等。

4. 部门性会议

部门性会议是根据部门的工作职能而召开的会议，如部门员工例会、业务洽谈会、新产品推介会、销售会议、培训会议、客户咨询会、奖励会议等。

（五）按照会议的形式划分

1. 圆桌会议

这是指 10~20 名的人员，围着圆桌而坐，各自以平等的地位自由发言的会议。在某些国际会议中，主席和各国代表的席位不分上下尊卑，可避免其他排座方式可能出现的一些代表席位居前、居中，另一些代表居后、居侧的矛盾，更能体现各国平等原则和协商精神。现在，"圆桌会议"已成为平等交流、意见开放的代名词，是国家之间以及国家内部一种重要的协商和讨论形式。

2. 公开讨论会议（forum）

古罗马时期，人们集会用的广场称为"forum"，由此衍生出的名称。是指大家就某一个公开的议题各抒己见，热烈讨论的会议。

3. 代表人会议

这是指从参加者当中选出两名以上的代表人，在全体人员面前彼此讨论特定的议题，接着由全体人员公开讨论并咨询的会议。

4. 演讲型讨论会议

由几位专门人员，在全体人员讨论之前，从各自的立场发表对特定议题的意见，再由全体公开讨论咨询。

5. 小组讨论

参加者人数太多时，事先将全体人员分成几个小组，分别由各个小组讨论不同的议题，再由小组推送或派出的代表整理小组的意见。小组讨论时，声音嘈杂，像蜜蜂嗡嗡的声音，所以也称作蜂音会议"buzz session"。

6. 议会型讨论

这是在预先分发有关议题的详细资料，使参加者对内容都熟知的前提下，让赞成者和反对者各自发表意见，而省略全体的讨论，并付诸表决。这是一种重视表决胜于讨论的会议。在股东会议时，如果人数太多而且时间有限，也可采用这种方式。

7. 头脑风暴会议

这是以自由畅想、收集较多的创意为目标的会议。对所提出的创意，不在当场予以批评。所收集的创意、点子，另外开会整理、评估、汇集，并使之具体化。

8. 远程电信会议

利用计算机、传真、电子黑板及各种人机通信系统召开的会议。这种形式的会议有多种，有的只涉及声频通信（电信会议），有的则提供了视频传输（电视会议）。不仅可以通过声音或声像组合的方式相互通信，而且计算机和传真也可以在没有通信者现场参与的情况下相互通信（发送和接收电文或图形）。与会者避免了费时又费钱的远程旅行。

（六）按照会议的内容划分

1. 综合性会议

一次会议要讨论和研究多方面的问题，如各级人民代表大会、政府常务会议等。

2. 专题性会议

这类会议一次只集中解决一方面的问题，讨论研究一方面的事情或工作，如专题讨论会、年度销售会议等。

（七）按照会议的目的划分

根据会议的具体目的，大致可以分为五类。但在实际操作中，同一个会议常常包含其中之一或更多的目的。

1. 说明会议

主要以信息的传递为目的。说明会议是把上层做出的决策，单方面地传递给下层的会议，可以有提问和回答，但是没有讨论、表决。

2. 研究会议

主要是以信息的交换和相互启发为目的。相互启发就是对于一些个人未能注意的问题，彼此交换看法和经验。会议上虽然会有讨论，但不以表决的方法做出决定。

3. 解决问题会议

主要是以做出决定为目的。针对某些特定问题或议案，通过参加者的讨论、表决的方式，获得解决问题方案的会议。会议上，有时以原方案为基础，请参加会议的人员想出改善方案。这既能收集与会者的智慧，同时又能让每个人都有参与感。

4. 沟通协调会议

以沟通信息、调解矛盾为目的。在一个企业中，往往会出现部门与部门之间、员工与员工之间意见分歧、产生矛盾的情况，甚至影响到工作的整体进展。有时候就需要让双方坐在一起，消除误会、沟通信息、进行协调工作。

5. 创意会议

以收集创意为目的，由参加会议者自由发挥想象力，借以收集、开发更多创意，所以也称为开发型会议。许多广告公司、媒体公司有时会召开一些开发创意的会议，通过举行会议，形成新的构思，并且论证新构思，使其具有可行性。

二、会议的工作原则

会议是一种形式和手段，是工作方法而不是工作目的。会议都是围绕某一特定目标而开展的，要使会议达到预期的效果，就必须遵循会议工作的有关原则。会议的工作原则主要有以下几个方面。

（一）必要性

会议是实施决策、计划、组织、指挥、控制、协调等现代管理职能必不可少的重要手段，是贯彻政策、统一思想、布置工作、沟通信息、统筹协调、学习培训的有效途径。会议对于领导者而言，是进行领导和管理的一种必要手段。会议如果开得适度合理，有利于推动工作的进展，可以提高工作效率。但是，如果召开过多的会议，就可能使人陷入"茫茫会海"中，不利于工作的开展。

（二）高效性

会议，看似平淡，实则不然。英特尔前总裁安迪·格鲁夫就将会议作为撬动企业效率的重要杠杆。所以，在"低碳经济、节能减排、绿色行动"的宗旨下，我们也应积极开展"绿色会议"。绿色会议就是指会议讲求高效性。这就是说，开会也有投入与产出的问题。"投入"包括为召开会议所耗费的人力、物力、财力和时间；而"产出"，指的是会议的结果。要使会议取得一定的成果，当然需要一定的投入。高效率的要求，就是要尽可能地减少投入，但与此同时又要达到最佳的效果。然而，目前的会议效果如何呢？有资料显示，即使是高科技企业的会议，也仅有49%称得上是有效率的会议。会议浪费了经理人1/3还多的时间，但令人吃惊的是，竟然很少有人能确切说出时间到底浪费在哪里。1989 年，美国南加州大学爱伦堡传播学院针对为何开会无效率做了调查后发现：员工常常在开会前两小时接到通知，而且鲜有书面传达；即使有，会议也未必按照所写的时间推迟召开。而且与会者认为其在会议中的角色向来受限，未必能言其所思。

（三）目标性

几乎所有的会议都是为了达到某一目的、解决某一问题而召开的。有时公司为了培养团队精神，回顾过去的工作经验与教训，以便更好地推动来年工作的开展，就会召开年度总结会议；有时公司为了开发人力资源，提高员工的业务水平，就需要举行企业内部的培训会议；有时为了沟通思想、互通信息，公司可能会举行座谈会；公司如果遇到像消费者对产品投诉、公司声誉受到影响这样的危机事件时，就需要及时召开会议，共同探讨解决方案，重新树立企业良好形象或者召开新闻发布会，澄清事实。

（四）严肃性

开会作为一种重要管理手段具有其鲜明的严肃性。而有时候有些领导对会议的严肃性缺乏足够的认识，想什么时候开会就什么时候开会，要开什么会就开什么会，想开多久就开多久。有些会议缺乏明确的目的和必要的准备，议而不决，大家聚在一起七扯八扯，破坏了会议的严肃性。为了维护和保持会议严肃性和权威性，首先必须要明确开会的议题、目的，即确定为什么召开这次会议；其次，计划要周全，设立会议组织机构，妥善安排会议各方面的相关工作；再次，准备充分，一些大型的会议要事先拟好会议预案，做好会议召开所必需的各项准备工作；最后，议程要落实，保证会议的每个环节按原定的计划进行。

（五）节俭性

小到企事业单位会议，大到地区、全国性会议，无不"牵一发而动全身"。现在，"三天一大会，两天一小会"成为很多领导干部的真实写照。并且，会议组织者容易走入这样一个误区：为了博得与会人员的好评，特别是领导的嘉奖，过度讲究排场，形式主义泛滥。会议经费逐年上涨，到了让人深恶痛绝的地步。显性的浪费在于会议中的酒店住宿、飞机票、礼品等大量消耗，再加上其他琐碎的经费，动辄上万元甚至十几万元；隐性的浪费自然就是耽误工作时间，给正常工作带来一定的延误。所以，中共十五届六中全会提出要"精简"会议，"精"就是指能不开的会议不开；"简"就是指对于一些重要会议，能简单开的，就绝不兴师动众地开。这一"精"一"简"，既避免了与会者的舟车劳顿，又节约了大量的会议经费。

任务解决

在谈及某个会议的时候，会议的一些基本信息是不能出现错误的，这些信息恰恰是会议的基本要素，会议的类型和属性，以及其他一些附属信息。

所以要详细并专业地介绍"2010 年上海世博会"可以从以下几个方面来厘清思路: (1) 起源及历程; (2) 基本要素; (3) 意义与作用; (4) 会议的其他方面。

实训任务

专业讲述一个会议案例

为你的小组成员讲述一个你所经历的或熟悉的会议案例。

任务分析:

该实训任务旨在帮助学生形成一个专业思维——从哪些方面来描述一个会议。要完成这项任务,需要重点对会议的基本要素,类型和属性所涵盖的知识熟悉掌握,从而才能有条理地完成任务。

操作步骤:

搜集会议的资料;

理清会议的七大基本要素(会议人员、名称、议题、时间、地点、方式、结果);

根据会议的分类,辨识出会议的类型与属性;

整理会议的信息,组织语言,进行讲述。

项目内容小结

近年来,越来越多的国家和城市日益重视会议产品的开发、宣传。通过本项目的学习,将会对会议形成更深刻的认识,从会议的发展到会议的内涵,从会议的分类到会议的构成要素,这些都是今后学习的基础知识。

自我评估

1. 收集三个会议的实例,并指出每个会议召开的目的,以书面形式上交。

2. 学生可以利用课余时间,到校内或校外进行实习锻炼,参与会议的各项组织工作,收集会议计划、会议记录等,写一份关于会议工作的体会。

案例精选

世界航线发展大会介绍

世界航线发展大会(以下简称"世航会")始于 1995 年,由英国博闻集团主办,全球各大城市争相承办,参会规模约为 3500 人。世航会已发展成为全球最具规模和影响力的民航界年度盛会,也是全球唯一航空公司、机场、政府机构、旅游局及相关行业的决策者共同参与的盛会,被誉为全球民航界的"世博会"和"奥运会"。

世航会的作用

民用航空运输业是带动区域经济发展最有力的手段之一，世航会作为经济发展的催化剂，凭借强大的号召力将全球的航空公司决策者带到承办方城市，以促进各地航线发展。

正因如此，全球各大城市竞相申办，世航会已先后在阿布扎比、伦敦、阿姆斯特丹、哥本哈根、迪拜、温哥华等城市成功举办。该会议旨在充分推介承办城市和机场、开发营销国际航线、打造国际枢纽品牌，以达到推动当地区域经济、文化、旅游、会展的联动发展。

2013年第十九届世航会在美国拉斯维加斯举办，参会者包括20多位国家旅游局局长、250多家机场总裁和650名航空公司高层。2014年第二十届和2015年第二十一届世航会分别在美国芝加哥市和南非德班市举行。

世航会的效益

承办世航会的有形收益切实可见，有利于承办机场和城市的在未来几年航线网络的建设和完善。同时，无形收益更为重要，世航会向全球航空公司、机场及外来投资者展示承办城市的发展和基础设施建设，并让参会高层对承办机场和城市有了更深入的了解。

调查表明，有76%参加2011年柏林世航会的航空公司高层对柏林有了全新的认识。据英国独立官方机构约克航空（York Aviation）统计，成功承办世航会对当地承办城市的经济发展会带来巨大影响，特别在未来三年有望带来1.22亿英镑的增加值总额（GVA）。

成都2016世界航线发展大会

在省市政府的大力支持下，凭借四川成都国际知名度日益提升和航空市场的日益扩大，成都双流国际机场（以下简称"成都机场"）在三轮激烈的竞争中，从五家国际知名机场中脱颖而出，成功获得了第二十二届世界航线发展大会承办权，是继2009年北京首都机场之后，中国第二家机场成功取得该会承办权。

第二十二届世界航线发展大会于2016年9月24日至27日在成都举行，有全球350多家航空公司、1200多家机场、200多家政府机构和国际组织、300多家国内外媒体约3500名代表出席大会。利用本次大会的契机，成都全面展示了其丰富的旅游资源、广阔的航空运输发展前景和良好的人居、投资环境，对展示成都城市形象、提升成都在世界的知名度和美誉度、加快推进成都国际化建设等方面起到了积极作用。

项目二

会议策划

职业能力目标 >>

会利用信息收集方法获得信息；掌握会议策划的基本内容和流程；能进行会议项目可行性分析；掌握会议策划方案的基本构成。

任务导入 >>

某公司正在召开首次职工代表大会，有数百人参加。听完董事长工作总结报告后，职工代表们就要以工作部门为单位，到指定的会议室进行小组讨论，小组讨论之后再将小组会议记录交给会务组。过了一会儿，出现了麻烦：有的小组反映他们的会议室座位不够，太小了；有的小组抱怨他们的会议室正好有其他的会议在召开；有的小组则是由几个人员较少的不同部门职工代表组成的，由于这些代表工作性质完全不同，被安排到一起讨论，沟通起来比较困难，气氛也不够热烈，影响了讨论质量和效果。会后，职工代表纷纷对会议安排表示不满，影响了会议效果。

怎样做才能让会议进展有序并卓有成效？

任务一 策划与会议策划概述

一、策划

在中国，"策划"一词最早见于《后汉书》。"策"最主要的意思是指计谋，如：决策、献策、下策、束手无策。"划"指设计，工作计划、筹划、谋划；"划"，意思亦为处置、安排。《后汉书·隗嚣传》中"是以功名终申，策画复得"之句。其中"画"与"划"相通互代，"策画"也即"策划"，意思是计划、打算。

美国哈佛企业管理丛书认为：策划是一种程序，"在本质上是一种运用脑力的理性行为"；日本策划家和田创认为：策划是通过实践活动获取更佳效果的智慧，它是一种智慧创造行为；更多人说策划是一种对未来采取的行为做决定的准备过程，是一种构思或理性思维程序。

通常人们还会用到"计划"这个词，策划不同于计划，两者有区别。策划必须有创意，自由、无限制，把握原则与方向，挑战性大；相对而言，计划不一定有创意，范围一定、按部就班，把握程序与细节，挑战性小。策划具有三要素：创意性、目的性、可行性。

二、会议策划

（一）会议策划概念

会议策划是根据会议的目的借助一定的科学方法和艺术，构思、设计、制作策划方案以达到最终的会议效果。好的会议策划，一定是对具体的执行方案有深入的思考，具有可行性；一定是在某些方面有突破，有新意、有创意才行。

会议策划的作用有五个方面：

1. 促使会议有序性；
2. 促使会议创新；
3. 让与会者产生舒适感和安全感；
4. 促进会议商业化运作；
5. 促使会议规范化。

（二）会议策划三要素

会议成功的首要因素，就是一个好的会议策划，组织一次让与会者满意的会议，就需要一个策划周密的会议。会议策划过程中有三个要素，即会议目标、与会者和会议方案。

1. 会议目标

开会的目的都是为了达到一个目标，会议的目标决定了会议策划的很多环节，只有确定会议的目标，才可以确定哪些人参加会议，以及会议的地点、议程和预算等。比如一个跨国公司亚太总部的年度计划会议，其目标是要通过会议确定未来的经营战略和营销计划，很显然，这样的会议要求必须有一个高级别的会议场地，拥有先进的会议设施，而且在安全性与保密性等方面，都会有很高要求，这样的会议不同于政府部门组织的行业会议。因此，只有明确会议目标和为实现目标所安排的会议内容后，才可以确定会议的其他要素。

会议目标相关的因素很多，或许受到一些与会议有关的客观因素的限制，会议目标不能全部实现，这就需要对计划做一些调整。

2. 与会者

一旦明确了会议目标，就可以确定哪些人需要参加会议。除了与会议目标、会议内容直接相关的与会者以外，另两类人是经常需要考虑的，一是是否需要邀请不同类型的贵宾，比如政府官员、行业主管或者是专家学者等，这些人员的参加可以提升会议的层次。二是是否允许（或邀请）与会者携带家属。如果是参加人数较少的中、高层会议，可以考虑邀请家属参加，以增进中、高层员工之间的感情。另外，如果是奖励旅游，也可以邀请家属参加，以激励这些获得奖励的员工更好地工作。

3. 会议方案

会议策划的结果，是一套完善的会议方案，包括会议概要（会议主题、会议时间、会议地点、与会人员等）、会议日程及相关实务、会议预算三个部分。

在会议概要部分，确定会议主题至关重要，会议主题应该与会议目标一致，同样具有号召力，能够引起注意力和共鸣。比如区域合作会议以"展望未来"作为主题，公司年会以"营销整合提升业绩"为主题。为让主题更加生动形象和深入人心，可以借助图形标志来表达主题，表现"展望未来"的标志可以是未来风格的设计，"营销整合"的主题可以用"涓涓细流，汇成奔腾的河流"之类的图形表示。当然，也可以用会议主题的字母缩写作为会议标志。

会议日程是会议方案的主体部分，这里要考虑的是与会者的到达和离开时间、每一个时段的活动安排、会议内容等，除正式会议议程外，包括进餐、娱乐和中间休息等，都需要尽可能详尽准确地考虑和时间安排。此外，激动人心的开幕式和闭幕式是需要重点考虑的环节。会议日程经常是一份由时间和事件组成的表格，但是很多会议的重要事项，不能在日程表中详细列举，因此对于会议策划人员来说，一份详尽的、包含了会议从策划、实施到评估反馈每一个环节的相关事务列表是必需的，这实际上是会议组织的一份蓝图，如果能够按图索骥，会议自然能够组织得井井有条，达到预定的会议目标。

（三）会议策划的方法

1. 思维闪电策划法

思维闪电是指人们在特定环境或气氛下，以个人或群体知识、经验、判断为基点，通过亲身感受和直观体验而闪现出的智慧之光。这是一种创造性的思维方式，它可以较全面地揭示事物或问题的本质，通过这种一闪而现的灵感形成策划思想的方法，就是思维闪电策划法。该方法比较适用于主题创新。这种方法包括纸牌法、KJ法、侧面思考法、强迫配合游戏创意策划法、语意直觉创意策划法等。

2. 系统分析策划法

系统分析策划法是将一个项目看作一个由若干个子系统相互联系的有机整体，通过揭示各个子系统运动的各项要素及其相互关系，提出最优方案的方法。

系统分析策划法的主要特征就是从整体的角度揭示出整体下各局部所产生的影响和相互关系，从而找出系统整体的运动规律，并分析达到目的的途径。它是通过明确一切与问题有关的要素（目的、替换方案、模型、费用、效果、评价标准）同实现目标之间的关系，提供完整的信息和资料，以便策划者选择最为合理的解决方案的方法。其具体步骤包括：

（1）确定策划目标。从系统整体的要求出发，提出需要解决的中心问题，确定策划活动必须达到的目标与希望达到的目标。确定目标一般应满足四个条件，即目标的唯一性、具体性、标准性和综合性。综合处理目标的办法有两种：

①精简目标。包括两个方面，一是对各项目标进行全面分析，对相互对立、无法协调的目标进行权衡后，去除那些实际上根本无法达到的目标；二是从具有从属关系的目标中去除其子目标。

②合并目标。包括合并意义相近的目标以及将若干个目标组成一个综合目标。

（2）拟订合理方案。根据既定的策划目标，制订出可以实现目标的各种方案。在拟订策划方案时，一般应遵循以下原则：提供两个以上备选方案，防止越权和代替策划。例如，有些项目策划公司在一般情况下，会向项目委托人提供多达5个策划选择方案，并将每一种选择在政治、经济、社会、公共关系等方面可能产生的后果及利弊一并反映给用户，为用户提供科学、客观、公正而全面的策划建议。

（3）评价各种方案。通过模型分析、功能模拟分析等方法，对提出的各种备选方案进行比较和评估，以区分各种方案的优缺点。在对诸多方案进行分析评价时，应掌握策划方案的价值标准、满意程度和最优标准。策划方案的价值标准是指一个方案的作用、意义和收效。确定价值标准和确定策划目标一样，完全取决于策划的需要，受客观条件的限制，但又具有一定主观选择性。评价方案常用的策划方法有经验判断方法、数量化方法和模拟方法。

经验判断方法（如淘汰法、排队法、归类法等），适用于策划目标多、方案多、变量多、标准不一的情况；数量化方法是用数学方法、运筹学方法等对可供选择的多个方案进行定量的分析和测算，提出数据结果，供策划者加以权衡和选择；模拟方法则是通过设立模型来揭示原型的性质、特点和功能，通过结构或功能的模拟寻找出最佳的方案或对已经产生的方案加以修订或调整。

（4）系统选择，策划优选。通过上面的综合分析、比较和计算，从诸多备选方案中，选择出最优化的方案。根据系统局部效益与整体效益相结合、多级优化和满意性等原则，策划人员应该向策划委托部门提出书面策划报告，由策划者根据报告中提出的若干方案或建议权衡利弊，决定最终方案，同时由委托部门开始组织实施。

（5）跟踪实施，调整方案。这是系统策划的最后一个步骤。在实际工作中，由于策划从性质上说是预测性的活动，方案在实施时不可避免地会遇到在策划时所无法预见的问题，所以策划委托部门一般还要求策划人员协助，继续跟踪方案执行情况，以便及时发现问题，修改或补充原方案，使方案的实施结果能始终朝着策划的目标前进，最终实现策划目标。

3. 排除策划法

排除策划法是由阿诺思·特维斯基提出的，意思是将众多的备选条件、备选方案按一定顺序排列起来，通过寻找各个条件、方案存在的缺点将其排除在序列外，来达到选择最优方案的目的。这是一种如何在决策方案之间做出选择的方法。使用此方法需要注意如下几个问题：

（1）将各个备选条件、方案按照一定的层次、顺序排列。要满足不同层次策划目标的方案和条件则需要在相应的层次条件上进行比较和排除，不能越级、越层比较。

（2）确定科学的排除标准。缺点与优点总是相对的，在一定条件下是缺点的方面，在另一条件下可能是优点，所以，要在合理地分析各个方案所要求的各方面条件以及会带来的所有后果的基础上，用科学的标准将不合适的方案排除出去。

（3）排除的目的是为了更好地创新。凡是被排除出去的方案，肯定是其本身含有这样或那样的缺点。排除不是最终的目的，排除是为了避免问题，防患于未然。通过对各个条件、方案的缺点和不足的考察，使人们在策划过程中避免了相关问题的产生，并通过对这些问题的克服来发展和完善方案，使方案实现创新。

4. 逆向策划法

所谓逆向策划法，即从现有事实或传统理论的对立面出发，用从一种事物想到相对的事物，从一种条件想到相反的条件，从结果想到原因的思维方法探求新事物、新理论的一种策划方法，亦称反面求索策划法。

这种方法采用与已有的思维对象、思维过程、思维结论相反的方向进行思维，常常能引致新的发现。事物内部和事物之间的对立统一的内在关系法则是逆向策划法的基础。不仅事物内部有对立的两个侧面，而且事物与事物之间也存在对立的关系。事物的对立面常蕴含着事物的本质属性，或是对事物本质属性的重要补充。所以，逆向策划法的依据是：

（1）事物之间的作用是相互的，可以从一事物对另一事物的作用认识另一事物，也可以从另一事物对此事物的作用认识此事物。

（2）事物的两极是相通的，在一种条件下可以产生某种结果，在相反条件下也可能产生类似的结果。

（3）事物之间可以相互变化，原因可以转化为结果，结果也可以转化为原因。逆向思维的要旨就是要打破传统的思维定式，摆脱传统观点的束缚，把人们研究问题时通常所循的思路"反过来"进行思考，另辟蹊径，从事物的对立面入手去探索事物的本质和联系，从而做出新的发现、发明和创造。

5. 群体策划法

群体策划法就是客观、科学地扩大策划参与人员的范围，群策群力，设计最优的策划方案，目前主要有以下两种方法：

（1）规定程序调查法。又称德尔斐法，是 20 世纪 50 年代末由兰德公司奥拉夫·赫尔曼和诺曼·达尔基共同提出的以德尔斐为代号的调查及策划方法，用以对有关国防的未来发展进行战略策划，其具体操作方法是先由调查组织者制定调查表，按规定程序进行咨询调查，经过几轮反复，然后再征求专家意见，反复分析判断，最终在专家们的意见逐渐趋于一致的基础上得出最终结论。

（2）头脑风暴法。又称智力激励法，是一种专家会议形式，目的是进行决策预测和策划方案设计。这种专家会议是在一种非常融洽和轻松的气氛下进行的，人们可以畅所欲言地发表自己的看法。头脑风暴法的心理基础是一种集体自由联想而获得创造性设想的方法，它可以创造知识互补、思维共振、相互激发、开拓思路的条件，因此可以收到思考流畅、思考领域扩大的效果。

这种方法适用于研讨战略性决策问题，可以从中产生出新思想、新观念、新方法和新成果。但这种方法受与会者主观素质条件限制，整理分析要花相当长的时间，甚至会延误决策，这也是这种方法的局限性。

三、我国会议市场的特点

（一）会议数量大，会议水平有待提高

在 2015 年 5 月国际大会及会议协会（ICCA）公布的 2014 年接待国际会议国家排名中，中国大陆位居全球第 8 位，亚太地区第 2 位，会议总量 332 个，继续排名在世界前十强。

根据 2011 年《中国会议蓝皮书》显示，从参会人数看，人数低于 100 人的会议占全国会议总量的 47.1%；500 人以上会议仅占 10.1%，国际上人数 500 人以上的会议占会议总量的 28.3%；全国 1000 人以上会议仅占 3.2%，国际上 1000 人以上的会议占会议总量的 13.6%。

（二）公司会议独占半壁江山

根据 2011 年《中国会议蓝皮书》显示，公司会议占 49.9%，与世界上大多数国家情况基本相符。最大的不同是我国社团会议数量少。我国目前有 126 万个事业单位，为全国 41 万个社团组织的 3 倍，因此形成重要而独特的事业单位会议市场。同时，我国各级政府和各类政府机构的会议形成庞大的政府会议市场。

（三）区域差异大

根据 2011 年《中国会议蓝皮书》显示，北京、上海成为全国会议中心，年承办会议量占全国会议总量的 1/2，而中西部地区在核心城市具有一定的会议积聚效应。

（四）时间分布有特殊性

根据 2011 年《中国会议蓝皮书》显示，11% 的会议集中在 1 月份，2 月份最少，仅为 6%，其他各月较为平均。大多数单位和组织会在年终召开总结大会，与 1 月份会议数量相对较多具有一定的吻合度。

（五）会议产业体系逐步形成，高端会议人才需求量巨大

当前我国会议人才教育还不能很好地适应会议产业发展需要，尤其是高端会议人才匮乏，急需加强培养。主要需围绕会议产业当前发展的急需以及会议产业发展的趋势加强培养，特别是加强会议策划、综合管理、精细服务以及会奖会议、营销会议、专业会议的人才培养。

任务二　会议策划者的主要任务

从秘书到公司总裁，每个人多多少少都可能会参与会议的策划，只不过有的人是专职从事这项工作，有的人是兼任此职，此外还有其他职责。无论是专职还是兼职，最终结果，是使会议顺利完成。他们的工作效率代表着主办单位或公司的工作水平。

作为会议策划者，要负责做各种各样的工作。下列的各项工作能反映会议筹划者这一角色的多面性：善于与人共事、善于注意小节、善于解决问题、善于与人协商、能够管理会议财务事宜、熟悉酒店运作、能够安排恰到好处的菜单、能够熟练操作电脑、能够熟练地与视听服务公司打交道、能妥善接待贵宾和外国客人、熟知各种礼仪、行事果断、执着。

会议策划者有时候也被称为重大活动调度员，全面策划和负责组织会议，而会议的实质氛围和会议内容是高级管理层的责任。所以，会议策划者在策划一次会议时，应与上司、会议主办人或会议主席描述一下会议的目的和要求达到的结果，如果双方意见相符，会议策划者就可以进行下一步策划了。会议策划者的主要任务有以下几个方面：

1. 制订计划，确定必须要做的事项以满足会议的需要，并达到会议预定的目标；
2. 制订会议议程；
3. 了解可供使用的场所和设施情况；

4. 选择或提议合适的场所；

5. 安排交通事宜；

6. 协调会务工作人员的活动；

7. 招收、培训会务人员和广告人员；

8. 制订可行预算或按既定预算安排有关工作；

9. 确定各项工作的时间安排；

10. 视察选定的场所和设施；

11. 与各有关方面进行接洽（运输公司、旅行社、试听服务公司）；

12. 确定印刷公司；

13. 安排食品、饮料有关事宜；

14. 同会议发言人和各位贵宾进行联系；

15. 其他。

任务三　会议策划的可行性研究

一、会议策划的可行性分析

会议策划主要是在掌握各种信息的基础上，初步提出计划举办的会议是什么样的，会议项目可行性分析则是在仔细研究各种信息的基础上，深入分析举办会议策划提出的"那样的会议"是否可行，为最后是否举办该会议提供科学的决策依据。

如果会议策划通过可行性分析，证明已经具备举办会展的市场条件，项目能够取得社会效益和经济效益，且各种执行方案安排合理、切实可行，具有很强的操作性和很大的成功率，就可以通过该会议立项策划，正式进入该会议活动的筹备阶段。

二、可行性分析的具体内容

会议可行性研究报告要对会议立项的可行性做出系统的评估和说明，并为最终完善该会议项目立项策划的各具体执行方案提供改进依据和建议。因此，会议可行性研究报告主要包括以下几项内容：

（一）市场环境分析

任何经营活动都是生存在一定的市场环境之中，市场环境分析是会议立项可行性分析的第一步。它根据展会立项策划提出的展会举办方案，在已经掌握的各种信息的基础上进一步分析和论证举办会议的各种市场条件是否具备，是否有举办该会议所需要的各种政策基础和社会基础。市场环境分析不仅要分析各种现有的市场条件，还要对其未来的变化和趋势做出预测，使立项可行性分析得出的结论更加科学合理。

1. 宏观市场环境

宏观市场环境是指能对会议举办产生影响的各种社会因素，这些因素可能会给会议主办方举办某会议带来市场机会，也可能会造成市场风险。会议主办方在策划举办一个会议时，必须对它们加以密切关注，并及时对其做出适当的反应，以便有效地识别和抓住市场机会，避开和减少市场风险，它们包括：

（1）宏观政治环境。政治法律环境由那些具有强制性的和对举办会议产生影响的法律、政府部门和其他组织机构所构成。大型会议、国际型会议涉及的区域范围广、人员构成复杂，涉及的行业和社会面非常广，因此会议产业会受到比其他行业更加严厉的法律管制，如政府对举行会议在消防、安保、工商管理等方面的严格要求，举办会议对广告法和专利法等法律的严格遵守等。

（2）社会文化环境。社会文化环境有三大类：一是物质文化，二是关系文化，三是观念文化。它们分别代表人们对物质生活、社会关系和意识形态等方面的要求、认识和看法。社会文化环境对组织方和参会者产生较大影响。例如，人们的餐饮习惯，国与国之间关系的好坏，世界各国节假日和喜庆日的安排，对举办会议的影响就非常大。

（3）人口环境。从量的角度看，人口数量是市场规模的重要标志，从人口的分布、结构及变动的趋势可以分析判断出市场需求的特点和发展趋势，可以反映会议举办地的经济发展水平，对于会议品牌的塑造，会议产业体系的持续发展具有重要的意义。

（4）经济环境。经济环境是指那些能对参会者到会议目的地参加会议产生影响的各种经济因素，如社会经济发展水平，产业利润的高低，市场规模的大小，产业进出口状况，产业结构状况，会议所在地的住宿、餐饮、旅游、交通等配套设施的完备程度等。这些因素从侧面影响着参会者到会的意愿。

（5）技术环境。科技的发展会给企业的经营活动和经营方式带来重大影响，一方面可以给一些企业提供新的有利的发展机会；另一方面也可以给一些企业的生存与发展带来风险。另外，在所有会议服务的外部环境方面，科学技术的发展也能发挥巨大作用。例如，互联网的出现就极大地改变了会议产业的办会思路和竞争模式，计算机的广泛使用使会议的组织形式发生了变化。

在进行认真的市场调查和充分掌握以上各种信息的基础上，要切实结合会议产业的实际特征，对举行会议所面临的宏观市场环境的各个方面做出准确的分析，寻找市场机会，发现风险，为会议立项可行性研究的最终决策服务。

2. 微观市场环境

微观市场环境是指对会议主办机构举行会议构成直接影响的各种因素。这些因素包括会议主办机构内部环境、目标客户和竞争者等。和宏观市场环境一样，微观市场环境所包括的各因素也可能会给会议主办机构举行会议带来市场机会，或者给其造成市场威胁。

（1）会议主办机构内部环境。会议主办机构内部环境就是会议主办机构内部所具备的各种条件，包括资金、人力、物力（办公设备和通信工具）以及所掌握的信息资源和能联系的社会资源等。通过对会议主办机构内部环境的客观分析，准确地找出它们在本展会所在产业以及它们本身所具有的举行会议的优势和劣势，并对这些优势和劣势进行客观的评估，分析会议主办机构是否具有举行该会议的能力。

（2）目标客户。目标客户是指会议的潜在参会者。会议的最终目的是要满足目标客户的要求。因此，在分析会议的目标客户时，不仅要分析他们的数量和分布，还要注意分析和把握他们的需求及其变化趋势，并以此作为会议举办的起点和服务的核心。

（3）竞争者。竞争者是指与本会议有竞争关系的其他同类会议或者其他举办城市。近年来，会议产业的发展速度是惊人的，高端国际性会议成为众多城市争抢的热点，欲在竞争中取胜，必须充分分析竞争城市的软硬件条件，有的放矢。在会议项目申报和组织的过程中取长补短，超越竞争对手。而且，在对竞争者进行分析时，不仅要分析具有竞争关系的会议，还要分析这些会议的主办机构；不仅要分析具有竞争关系的会议和其会议主办机构的现状，还要分析它们的变化，并及时提出对策。

微观市场环境的构成要素与会议本身密切相关。在分析这些要素时，要善用资源、整合资源，使各种资源间优势互补，最大限度地挖掘资质优良的资源，并最大限度地降低会议成本。

3. 市场环境评价

在对市场环境的上述各因素进行分析以后，会议主办机构就要根据通过市场调查获取的有关信息，对市场环境进行整体分析和综合评估，以预防在举行该会议时可能受到的威胁，抓住可以利用的机会。

在掌握了大量的有关信息和对未来的环境变化趋势做出一定的预测后，就可以对市场环境进行整体分析和综合评估。评估的方法很多，最常用的是 SWOT 分析法。

SWOT 分析法就是把会议主办机构所面临的宏观和微观环境中各要素综合起来进行分析，得出市场环境对会议主办机构举行该会议所形成的优势和劣势、机会和威胁，并将这四个方面结合起来研究，以寻找到适合会议主办机构举办本会议的可行战略和有效对策。

SWOT 分析法一般分三步进行：（1）整理和分析搜集到的各种信息，并根据这些信息对环境的变化趋势做出预测；（2）详细地分析会议主办机构内部和外部的各种环境要素，列出市场环境对会议主办机构举行该会议所形成的机会和威胁、优势和劣势；（3）对市场环境对会议主办机构举行该会议所形成的机会和威胁、优势和劣势进行综合分析，确定可以选择的战略和对策。

通过以上步骤，SWOT 分析法为会议主办机构举行该会议提供四种可以选择的对策，如表 2-1 所示。

表 2-1　SWOT 分析法

外部 ＼ 内部		内部环境	
		优势（S）	劣势（W）
外部环境	机会（O）	SO 战略	WO 战略
		依靠内部优势	改进内部劣势
		利用外部机会	利用外部机会
	威胁（T）	ST 战略	WT 战略
		依靠内部优势	克服内部劣势
		回避外部威胁	回避外部威胁

（二）会议项目生命力分析

1. 项目发展空间

包括分析举办该会议所依托的产业空间、市场空间、地域空间、政策空间等是否具备。

2. 项目竞争力

包括会议定位的号召力、会议主办机构的品牌影响力、参会者的构成、会议价格、会议服务等。

3. 会议主办机构优劣势分析

会议主办机构是独立或联合发起、举办会议并承担主要法律责任的组织。每个会议主办机构都有自己擅长和不熟悉的领域。应发挥优势，扬长避短。

（三）会议执行方案分析

1. 对计划举办的会议的基本框架进行评估

（1）会议名称和会议的议题范围，会议定位之间是否有冲突。

（2）会议举办时间和频率是否符合会议所涉及领域的特征。

（3）会议的举办地点是否适合举办该类型会议。

（4）会议主办机构对会议所涉及议题是否熟悉。

（5）会议定位与会议规模之间是否有冲突。

2. 招商和宣传推广计划评估

（1）招商计划评估。

（2）宣传推广计划评估。

（四）会议项目财务分析

1. 价格定位

主要涉及注册费、广告费用等。

2. 成本预测

举办会议项目的成本费用一般包括：展览场地费用、会议宣传费用、招展招商费用、办公费用和人员费用、相关活动费用、税收和其他不可预测费用等。

3. 收入预测

举办会议项目的收入一般包括：与会者参会费、政府部门拨款、广告和企业赞助收入和其他收入。

4. 盈亏平衡分析

盈亏临界点是项目的总收入和总支出相等时的状态，此时边际贡献全部用来弥补固定成本，利润为零，即

$$盈亏临界点的销售量＝固定成本／（单价-单位变动成本）$$

$$＝固定成本／单位边际贡献$$

盈亏临界点的收入＝固定成本／（1-变动成本率）＝固定成本／边际贡献率

式中，边际贡献率也表示为"（单价-单位变动成本）／单价"；边际贡献率与变动成本率（边际成本率，即单位变动成本和单价之比）的和为1。

盈亏临界点的销售量，是指会议项目达到保本状态的最低规模水平，对于会议项目就是指最低会议收入。在这个规模水平上，总收入仅仅能够弥补固定成本和变动成本，没有盈利。只有超过这个水平，项目才能盈利。

项目的正常收入超过盈亏临界点销售收入的部分称为安全边际，安全边际的边际贡献形成项目的税前利润，只有安全边际才能为项目组织提供利润。因此，目标利润的计算公式也可以表述为：

$$目标利润＝目标安全边际×边际贡献率$$

综上所述，用本量利分析法预测目标利润时，可以使用以下公式：

$$目标利润＝目标销售收入-（变动成本+固定成本）$$

$$＝（单价-单位变动成本）×目标销量-固定成本$$

$$＝单位边际贡献×目标销量-固定成本$$

$$＝目标安全边际×边际贡献率$$

例如某公司举办一个研讨会，场地租金等固定成本总额为40000元，与会人员的酒水和食品费用为每人200元，假定每位与会人员需交纳参会费400元，且除去以上成本外没有其他开支。要求：

（1）求该公司在盈亏临界点的参会人数。

（2）预计250人参会，求其安全边际与目标利润。

求解过程：

$$盈亏临界点的参会人数＝40000／（400-200）＝200（人）$$

$$安全边际＝（250-200）×400＝20000（元）$$

边际贡献率＝（400−200）/400×100%＝50%

目标利润＝20000×50%＝10 000（元）

（注：利用目标利润的其他计算公式也可以得到上述答案。）

5. 现金流量分析

现金流量分析一般包括：净现值分析、净现值率分析、获利指数和内部收益率。

（五）风险预测

风险预测包括市场风险预测、经营风险预测、财务风险预测和合作风险预测。

（六）存在的问题

包括通过以上可行性分析发现的会议项目立项策划中存在的各种问题，研究人员在可行性分析以外发现的可能对会议产生影响的其他问题等。

（七）改进建议

针对上述问题，提出对会议项目立项策划的改进建议，指出要成功举办该会议应该努力的方向等。

（八）努力的方向

根据会议的办展宗旨和办展目标，在上述分析的基础上，针对存在的问题，提出要办好该会议所需要具备的其他条件和需要努力的方向。

任务四　会议策划工作流程

一、会议策划基本思路

搞清楚"想法"。会议有各种类型，不同的会议需要不同的环境，召开会议是要达到一定的目的和目标。因此，第一个重要步骤是问清楚会议主办方的想法、目的、预算等方方面面的信息，通过收集这些信息将避免下一步的策划构思偏离方向。

搞清楚"思路"。从秘书到公司总裁，每个人多多少少都可能会参与会议的筹划，只不过有人是专职从事这项工作，有的是兼任此职，但无论参与者有多少，一定要确认一个有经验的项目负责人，想清楚策划的步骤、时间推进节点、人员的分工。如果思路不清晰、经验不到位，往往从策划的一开始，就会在众多的意见、指导中迷失方向。

收集各类信息。包括会议举办的基本要素是否具备，是否具有同类会议举办经验等。

二、会场选址

1. 列出可供选择的清单

首先制作一个会议场所清单表，清单表上需注明会议要求的所有重要条件，便于各个场所的比较和选择。这方面，可以参考 SINO-MEETING 的会场搜索系统，该系统内的数据将优化选择场地的过程，大大提高效率。

2. 根据清单综合考虑会议类型与场所的搭配

不同类型的会议对会场的要求是不同的。比如研究和开发会议需要有利于沉思默想、灵感涌现的环境；重大的奖励、表彰型会议一定要有档次，要引人入胜；对于交易会和新产品展示会，需要选择有展示空间的场所，会场交通必须便利；等等。

3. 亲临现场实地考察

考察场地非常重要，要做好充分的准备，要约见会议方及场地方都能做决策的人。这样有利于以后解决可能出现的交易问题；要对会议中的重要流程和环节胸中有数，在考察场地的时候，能问到的问题越多，今后出现风险的概率就越低。

4. 会议整体规划

确定了场地，策划的工作就进入了快车道，通过以下步骤，整个会议策划方案就会很快出炉了：整体策划框架草拟，按照之前的工作和现有的所有信息，先把整个会议的流程和方案想象出来，越具体越好召开策划动脑会，这个会议上，需要把专业的会议策划人士找来，比如 SINO-MEETING；也要把主要的决策人员找来，在草拟方案基础上，展开讨论和记录—再讨论—修正—再讨论，一般，从第一稿的策划书到最后落实的方案，如果策划人员经验到位的话，最多 3 次往返讨论，就可以把方案细化到执行层面，是否细化到了执行层面，关键要看是否已经拟出了"工作时间进程表""任务分工表""物品清单""成本分析表"这几张最重要的执行文件。

任务五　会议策划的内容

一、确定会议的主题和名称

（一）确定会议主题

会议的主题是整个会议的灵魂。主题的设计要有创意，并且要具备前瞻性、总结性和时尚性。根据提出的目标进行会议主题筛选。为了更好地确定会议的主题，可以集思广益，征求更多的意见和建议，也可以对该领域中的各有关方面展开调查，让他们提出一些建议，在此基础上，会议主办机构再综合各方面的意见，并结合当前的实际情况，确定会议的主题。

把会议的实质问题画龙点睛地勾画出来，并尽可能反映时代特征或问题的紧迫感。下面以历届《财富》全球论坛和达沃斯论坛为例，进行会议主题介绍。

第1届《财富》全球论坛，1995年3月8日至10日，举办地新加坡，主题为"同一个商业世界"。

第2届《财富》全球论坛，1996年3月5日至7日，举办地西班牙巴塞罗那，主题为"全球竞争新秩序"。

第3届《财富》全球论坛，1997年3月24日至26日，举办地泰国曼谷，主题为"保持奇迹"。

第4届《财富》全球论坛，1998年9月23日至25日，举办地匈牙利布达佩斯，主题为"在新的全球经济中创造财富"。

第5届《财富》全球论坛，1999年9月27日至29日，举办地中国上海，主题为"中国：未来的50年"。

第6届《财富》全球论坛，2000年6月14日至16日，举办地法国巴黎，主题为"电子——欧洲"。

第7届《财富》全球论坛，2001年5月8日至10日，举办地中国香港，主题为"亚洲新貌"。

第8届《财富》全球论坛，2002年于11月11日至13日，举办地美国华盛顿，主题为"领袖的力量——应对新的形势"。

第9届《财富》全球论坛，2005年5月16日至18日，举办地中国北京，主题为"中国和新的亚洲世纪"。

第10届《财富》全球论坛，2007年10月29日至31日，举办地印度新德里，主题为"操控全球经济"。

第11届《财富》全球论坛，2010年6月26日至28日，举办地南非开普敦，主题为"新的全球机遇"。

第12届《财富》全球论坛，2013年6月6日至8日，举办地中国成都，主题为"中国的新未来"。

第12届《财富》全球论坛举办之前，《财富》总编辑苏安迪表示，在选择主办城市时，考虑的因素有：到底最重要的机会在什么地方，对企业来讲，对国家领导人，在什么地方能够学到更多东西。成都是举办下一届《财富》全球论坛的理想之地。苏安迪解释说："地处中国快速发展的西部地区的中心位置，对跨国公司而言，它已成为一块充满活力的磁石，是高等教育的中心，也是从汽车、物流、技术到服务等多种行业的领跑者。"

2013年9月11日至13日，2013年夏季达沃斯论坛在大连举行，该届达沃斯有1500位商业领袖、学界和政界的嘉宾出席。此次论坛的主题是"创新：势在必行"。

为什么会选择这一主题？该主题的全球背景是怎样的？可以这样理解：金融危急后，全球经济增长减慢，我们预计这种低增长状态还会持续一段时间。在低增长背景下，政府亟须面对财政紧缩、对抗失业、贫富不均的问题；商界的压力主要来源于技术革新对产业的破坏；这些压力与可持续增长、城镇化等现有的长期问题一起，给全球经济、环境、社会发展带来很大挑战。因此，本次的主题——创新，是一个号召，希望推动商、政、学界共同推动技术、商业合作，积极开创公私合营等创新增长模式。

这个主题如何融入论坛中？论坛有何亮点？可以这样分析：主题分为五个"故事（话题支柱）"。（1）"产业生态转移"，包括重大的产业趋势，比如城镇化、能源转型。（2）"给创新松绑"，我们将讨论如果我是一个企业的CEO如何创新，讨论企业家精神，中国企业国际化等。（3）"社会弹性"（societal resilient），我们会讨论收入不平等、可持续发展、食品安全等问题。（4）连接各国市场问题，全球贸易变迁、供应链变化等等。（5）文化与艺术。

（二）确定会议名称

会议的名称是向外部提供关于会议基本信息的引领性标题。俗话说，名不正则言不顺。正式会议必须有一个恰当而确切的名称。会议名称要求能概括并能显示会议的内容、性质、参加对象、举办单位或组织、时间、届次、地点或地区、范围、规模等。

会议名称既可用于会前的"会议通知"，使会议代表心中有数，做好议事准备；又可用于会后的宣传，以便扩大会议的效果，更可用于会议过程中，使会议代表产生凝聚力和庄重感。

确定会议名称的方法：（1）由"单位+内容＝会议种类"构成，如"北京大学人才培养模式改革论证会"，其中"北京大学"是组织的名称，也可以称为单位；"人才培养模式改革"是会议的内容；"论证会"是会议的种类。（2）由"单位+年度+内容+会议种类"构成，如"××公司2015年总结表彰大会"。（3）由"时间+会议内容+会议类型"构成，如"2015年××省春运票价听证会"。

确定会议名称的注意事项：（1）会议名称要用确切、规范文字表达。（2）会议名称应与会议的主题、类型相符。（3）一般企业会议不允许冠以"中国"或"中华"等称谓。

二、会议机构的组成和人员选择

会议机构依据会议类型及规模有所不同，主要包括会务、秘书、接待、宣传、财务、保卫、技术等组别。

会务组——负责会务组织、会场布置、会议接待签到等工作；

文秘组——负责撰写会议方案，准备会议文件和资料，做好会议记录，编写会议纪要、会议简报等；

接待组——负责生活服务、交通疏导、医疗服务等工作；

宣传组——负责会议的录音录像、照相、娱乐活动和对外宣传报道；

财务组——负责会议经费的统筹使用和收费、付账工作；

保卫组——负责防火、防盗、人身安全和保密工作；

技术组——负责会议各种设备的安装、调试、维护等工作。

三、会议选址

（一）会议选址的步骤

1. 列出可供选择的清单

2. 根据清单综合考虑会议类型与场所的搭配

思考：如果会议在酒店举行，如何选择酒店？

（1）酒店的类型

分类	项目	特点
按星级划分	五星级、四星级、三星级、二星级、一星级	考虑接待规格和标准
按类型划分	商务型酒店	高效、快捷。酒店既能接待小型会议也能接待大型会议，有一个或多个多功能厅，24 小时全天候办公，有较强的服务能力，此外还有多个中、西式餐厅、各种商店、健身房、游泳池等设施
	度假型酒店	充分体现了当地特色，集休闲、娱乐于一体。同时随着社会的发展，度假型酒店也能提供相应的会议设施、美食和各种代表地方和季节特色的活动，这些无疑大大方便了会议单位
	经济型酒店	最大的特点是房价便宜
	会议型酒店	会议型酒店是接待会议最主要的场地，会议型酒店主要是指那些能够独立举办会议的酒店，某些业界人士甚至认为接待会议的直接收入至少应该占到会议型酒店主营收入一半以上的份额
按地点划分	位于市中心	在选择位于市中心的酒店时需考虑酒店与机场距离（包括交通是否拥挤）
	位于三环以外	考虑档次、环境及交通便利程度等

（2）会议类型与场所的搭配

举办培训活动的最佳环境是能提供专门工作人员和专门设施的成人教育场所（公司的专业培训中心或旅游胜地的培训点）。

研究和开发会议需要有利于沉思默想、灵感涌现的环境。

学会年会的地点选择一般根据会员的意见来定（一般选在当前最受欢迎的城市，能提供会议服务的酒店）。

重大的奖励、表彰型会议一定要有档次，要引人入胜，会议的目的是对杰出表现予以奖励。

对于交易会和新产品展示会，需要选择有展厅的场所，还要求到达会场所在城市的交通必须便利。

3. 亲临现场实地考察

考虑是否需要以一个普通客人身份不宣而至以检查酒店对客人的接待情况，还是事先通知酒店以贵宾身份前往以检查酒店是如何接待贵宾的；考虑另一家酒店作为"备选"，以便谈判一旦失败不至于太被动。

4. 确定会议举行场地

（二）课堂实践训练

场景：四川恒信国际旅行社将举行 2014 年工作研讨会，研讨会邀请了各分社老总，同时邀请了政府官员、院校领导及行业嘉宾。假设你是该会议旅游的组织者，请依照实际情况，为该会议选址。

操作：

1. 以小组为单位，进行会议选址；
2. 分析所选会议的类型和特点，分析备选地区酒店和会议设施类型；
3. 决定选址（方案），进行汇报，并接受提问。

四、明确会议议题、议程、日程及程序

（一）确定会议议题

议题，是会议所要讨论的题目，所要研究的课题，或是所要解决的问题。会议议题和会议主题是有区别的。

会议主题是会议目标的转化，它是会议主要内容和实质问题的高度概括，会议的潜在参与者通过它就可以了解会议的大体内容。会议议题是围绕会议主题而设立的一个个拟讨论的问题，它是会议主题的具体化。

会议主题是会议的灵魂，会议的各种议题是紧紧围绕会议的主题来进行的。没有主题，各种会议议题将会变成一盘散沙，整个会议就会变得杂乱不堪。

选好会议的主题是会议成功的重要因素，因为会议中所有节目、活动都是紧紧围绕会议主题安排的。拟好会议的议题也很重要，它可以帮助人们更好地讨论问题。脱离会议主题的问题一般不应当列入会议议题。

2013 年《财富》全球论坛的主题是"中国的新未来"，中心议题包括：中国世纪、资源解决方案、创新与技术、全球金融与经济复苏。

议题可以让与会者获得知情权；便于做好准备工作；有助于会议目标的实现；提高会议效率。

主题是议题的集中体现，表达上更概括；主题统率议题，主题通过议题具体化。

举例：第五届泛珠三角区域合作与发展论坛暨经贸洽谈会（2008 年）

主题："扩大开放、务实合作"

议题：

"泛珠合作与东盟合作"

"加快泛珠三角交通网络建设，共建面向东盟国际大通道"

"构建信息合作联盟，实现信息资源共享"

（二）会议的议程、日程及程序

1. 会议议程

会议议程是整个会议议题性活动顺序的总体安排，不包括会议期间的仪式性、辅助性的活动。

（1）确定会议议程的方法

①根据到会主要领导的情况，确定会议主持人；

②根据会议的主题，确定会议发言人；

③围绕会议主题，确定会议讨论题目，并根据会议规模，确定讨论方式；

④根据会议拟达到的目的，安排主要领导做好会议的总结。

（2）议程制作的注意事项

①注意议题所涉及各种事物的习惯性顺序和本公司章程有无会议议程顺序的明确规定；

②议程表中，第一条是宣布议程；

③保密性较强的议题，一般放在最后。

2. 会议日程

会议日程是将各项会议活动（包括仪式性、辅助性活动）落实到单位时间，凡会期满 1 天（即两个单位时间）的会议都应当制订会议日程。

训练：为以下会议制订议程。

背景资料：2014 年 11 月，成都市博览局决定召开一次 2013 年成都会展业发展总结大会，会期两天，参会人员预计 70 人左右。

要求：

（1）制订会议议程（制订议程之前，应明确主题、议题）；

（2）小组内部讨论，完善会议议程。

3. 会议程序

会议程序则是一次单元性会议活动或单独的仪式性活动的详细顺序和步骤。

议程、日程在会前发给与会人员；程序只供领导主持会议时参考，不发给其他与会者。

五、制订会议预算

开会时要耗费经费的，一般来说会议人工成本是这样计算的：

会议成本 $= 2ABT$

式中：A——与会者平均工资的 3 倍（以小时计）；B——参加会议的人数；T——会议的时间（以小时为单位）。

A 为与会者平均工资的 3 倍是因为劳动产值远比工资高，乘以 2 是因为开会时经常性的工作中断而造成了损失等间接成本都计入其中，成本将更高昂。而会议的总成本还需要加上开会所需的其他经费。

（一）会议开支项目

会议的经费预算一般包括以下几项支出内容：（1）会议费主要包括：场地租金、用品费、设备费等；（2）培训费主要包括请专家、学者讲课的酬金等；（3）资料费；（4）住宿费；（5）交通费；（6）其他费用。

制订会议经费预算一方面要本着勤俭办会、节约办会的原则，尽量降低会议的成本；另一方面要有一定弹性，即注意留有余地。具体费用包括：

文件资料费：包括文件资料的制作、印刷费，文件袋，证件票卡的制作、印刷费用等。

邮电通信费用：如发会议通知，就有关会议事项发传真或打电话进行联络等费用；如果召开电视、电话等远程会议，则使用有关会议设备系统的费用也应计算在内。

会议设备和用品费：如各种会议设备的购置和租用费。

会议场所租用费：如会议室、大会会场的租金，以及其他会议活动场所的租金。

会议办公费：如会议所需办公用品的支出费用，会场布置等所需要的费用。

会议宣传交际费：如现场录像的费用，与有关协作各方交际的费用。

会议住宿补贴费：一般情况下住宿费是由与会人员自理一部分，由会议主办者补贴一部分。也有主办单位全部承担的情况。如果无住宿要求，应明确与会人员完全自理这一部分，预算中可不列此项。

会议伙食补贴：通常由主办单位对会议伙食补贴一部分，由与会者承担一部分。

会议交通费：参会人员交通往返的费用，如果由会议主办单位承担，则应列入预算；会议期间的各项活动如需使用车辆等交通工具，其费用也应列入预算。

其他开支：包括各种不可预见的临时性开支。

（二）会议经费筹集

一般来说，会议经费的筹集有以下几种渠道和办法：

行政事业经费划拨；主办者分担；与会者分担个人费用；社会赞助和转让无形资产使用权。

（三）制订会议预算明细

×××××会议预算表

	序号	项目	数量	价格	备注
酒店费用	1	房费			
	2	餐费			
	3	会议室			
	4	布标			
	5	茶歇			
	6	其他（须注明）			
会务费用	7	接站费用			
	8	送站费用			
	9	资料袋			
	10	签字笔			
	11	笔记本			
	12	集体照			
	13	资料复印			
	14	礼品			
	15	水果			
	16	鲜花			
	17	盆栽			
	18	其他（须注明）			
考察费用	19	门票			
	20	风味餐			
	21	市内交通			
	22	矿泉水			
	23	其他（须注明）			

实践训练

背景资料：2014 年 11 月，成都市博览局决定召开一次 2013 成都会展业发展总结大会，会期两天，参会人员预计 70 人左右。

要求：

（1）明确会议基本信息；

（2）制订会议议程表和会议预算表（小组共同完成）；

（3）讨论，汇报。

六、制发会议通知

会议通知的内容包括名称、时间、地点、与会人员、议题及要求等；会议通知的种类有一般的会议通知、邀请信、请柬；会议通知的发送形式有正式通知和非正式通知；会议通知的方式有书面、口头、电话、邮件。

会议通知必须简明扼要。那种用"为了"起句，然后摆出一大堆依据，把会议时间、地点放在最后的写法，不能使人开门见山地得到会议信息，应尽量避免。

会议通知的一般体例：

关于召开××的通知

×××同志：

兹定于×月×日（星期×）×午×时在××地点召开××会议，会期×天，参加人员为××，凭××入场，有关会议的具体事宜，请与××联系（电话号码×××）。

××总经理办公室
×年×月×日

实践训练：

背景资料：2014 年 11 月，成都某集团决定召开年度工作总结大会，会期两天，参会人员 30 名（其中，集团外部人员 5 人），请你制订会议通知。

要求：

（1）制订一份带回执的会议通知；

（2）讨论，完善。

常用回执格式

1. 表格式回执

回执

姓　　名		性　　别		职　　务	
工作单位		通信地址			
邮政编码		联系电话		传　　真	
E-mail		手　　机			

续表

能否与会		发言题目	
是否需要 预订返程 车票、机票	是□ 否□ 车票（机票）日期： 车次（航班）与起止地点：		

注：请于×月×日前寄××协会秘书处×××收

2. 签收式回执

×××会议通知回执

×××办公室：

你处发来的《×××会议通知》及会议文件《××××××》《××××××》各 1 份已收到，经检查无误。

我将（在下列选项的方框中打√）

□按时参加会议。

□_____人参加会议

签名或盖章：
年　　月　　日

七、制作会议证件和指示标识

（一）会议证件

会议证件是会议现场中证明参会人员身份的一种证明，详细的会议证件能够便于会务现场的有效管理。

具体来说，会议证件是为了识别身份、统计人数、维持秩序、保证安全，并维护会议的严肃性。会议证件通常分为两类：一类是出席证件；另一类是工作证件。

1. 出席证件指的是参加会议者所使用的会议证件，具体又可分为以下四种：

（1）代表证。代表证发给会议正式代表使用，是规格最高的出席证件，一般均有编号并贴有本人近照。

（2）出席证。出席证发给会议的正式出席者，持此证可参加本次会议的各种活动。它一般不贴照片，但应标明席次。

（3）列席证。列席证发给列席会议者。持证可以与会，但不享有正式代表所拥有的权利。列席证的格式与出席证相似。

（4）来宾证。来宾证主要发给与会的嘉宾以及其他特邀代表，以保证其受到照顾。

来宾证的格式亦与出席证相同。

2. 工作证件是会议工作人员或其他为会议服务者与会时所使用的会议证件。工作证件具体分为以下三种：

（1）工作证。工作证发给会议工作人员专用，上面均印有姓名编号，有时还须贴有本人近照。

（2）记者证。记者证发给前来采访会议的记者专用。一般均应注明其单位、姓名、编号。

（3）通行证。通行证专门发给配有汽车的单位或个人，供其车辆出入会场、住地时所使用，它要求注明单位与车号。

制作会议证件，总的要求是美观、规范、实用和易于辨识。一般的小型会议与会议服务公司内部日常性会议，均无制作会议证件的必要。

会议证件的内容有会议名称、与会者单位、姓名、职务、证件号码等。

有些重要证件还贴上本人照片，加盖印章。

会议证件的样式有很多，可以根据需要来选择。会议证件的样式主要有以下几种：

（1）黏性标签式的证件样式。这种证件比较经济、方便，但它们可能由于粘贴在衣服上而留痕迹。

（2）系带的证件样式。这种证件比较经济、方便，但可能在衣服上晃动。

（3）有夹子的证件样式。这种证件成本略高，它们能更换塑料封里面的标签而重复使用，并能移动夹在衣服的不同部位。

（4）台签式的证件样式。这种证件是开会的时候放在桌子上使用的。

制作会议证件的程序为：设计内容→设计颜色→控制印制数量→发放中的特殊要求（照片）→盖章确认。

制作会议证件的注意事项：

（1）重要的大中型会议，证件和姓名卡片要正规。内容设计上要有会议的名称、与会者姓名、称呼（先生、女士、小姐等）、身份（职务、职称等）、组织或公司的名称。

（2）重要的、具有保密性质的会议要在证件上贴上本人的相片，并加盖大会印章。

（3）证件的形式应反映出会议的内容，设计要尽量经济实用、美观大方。

（4）大型会议应区分正式代表、列席代表、新闻媒体、工作人员、服务人员等不同身份参加者证件的样式。可将他们的姓名卡片设计为红、蓝、白、黄4种不同的颜色。也可以将证件设计为正式代表采用系带式的卡片，其他人员采用夹子式的卡片来区分不同的身份。

（5）应在会议的接待区向与会人员发放会议证件，并在主席台等必要的地方放置台签式姓名卡片。

（6）应注意根据公司不同的文化理念设计会议证件或姓名卡片。

（二）会议标识

会议标识是指在会议的准备和召开过程中，为了使与会者更容易找到座位，并了解会场周围的环境，使会议的组织更加有条理，需要在会场和相关服务区域摆放某些标识物，如各种指示牌，接待处和签到处的标志，贵宾室、饮水处、洗手间的标志等。

（1）标识牌或指示牌。中、大型会议事先应划好区域，贴上标识牌，使与会者顺利入座，并能够很方便地找到签到处、贵宾室、饮水处、洗手间等。

（2）区域图或路线图。在一些体育馆和礼堂，为了使参会的单位入场、退场都井然有序，事先划出区域图，并张贴于门口。在一些表彰、总结类型的大会上，应将被表彰、受奖励对象或其代表安排在前几排，并在座位上贴上名签，并标示于区域图上。

（3）名签与台签。在主席台和签到处等地方要摆放各种名签或台签，以标明人员的身份或办事机构的名称。

制作会议指示标识的方法包括两种：会议主办者内部简易制作法，一些不太重要会议的指示标识可以由内部用计算机制作或手工制作。由专业性的会议承办机构制作，一些重要会议的指示标识需要制作规范和正式的指示标识，要用专业性的设计和制作，因此，需要请专门性的公司来完成此项工作。

八、准备会议必需品和文件

必备用品是指各类会议都需要的用品和设备，包括文具、桌椅、茶具、扩音设备、照明设备、空调设备、投影和音像设备、麦克风等。

1. 准备会议资料

（1）领导发言稿（主办单位提供）；

（2）《报到册》《会议指南》《会议日程》《会议议程》等（承办方制作）；

（3）会场座位分区表（承办方制作）；

（4）展板所属图片（主办单位提供）；

（5）广告牌设计稿（承办方制作）；

（6）欢迎布标、会议室布标（承办方制作）；

（7）会议礼品（承办方制作）；

（8）开幕词和闭幕词（主办单位提供）；

（9）会议用餐券（承办方提供）；

（10）会议证件（承办方提供）。

2. 会议文件的管理

（1）检查文件的准确性。

（2）会议的日程要尽快检查核对，印发给与会者，以便主办单位人员同与会者能尽快熟悉，互相沟通。

（3）印制讲话稿、会议日程安排表、会场指示图、宾馆内部示意图，并将以上文件及附送的本市交通图等装订成册（注意不要缺页），要便于与会者携带和查阅。印制这些文件要根据与会人员不同的单位、部门、级别整理好，以便分发。

任务六　撰写会议策划方案

一、概念

会议策划方案主要包括会议概要（会议主题、会议时间、会议地点、与会人员等）、会议日程及相关事务、会议预算以及其他需要说明的事项。

二、会议策划方案构成要素

1. 会议的名称；

2. 会议的目标和指导思想、意义；

3. 会议的主题、议题和日程；

4. 会议的对象和规模；

5. 会议的时间；

6. 会议地点：合适的举办地（什么国家或地区、什么城市）、合适的场馆（会场、宾馆的布置及要求）；

7. 主办单位、承办单位、协办单位等；

8. 会议日程安排；

9. 会议的举行方式、配套活动、辅助活动的日程安排，如参观、游览、娱乐、聚餐等；

10. 会场布置方案；

11. 会议的接待、后勤保障措施和手段；

12. 会议的宣传方式（召开新闻发布会、编写会议简报、邀请记者采访、发送新闻稿件等）；

13. 会议经费的预算以及筹措经费的渠道、方式；

14. 其他需要说明的事项。

案 例

常德核心　财富至尊
香港财富集团入主常德 CBD　铜锣湾广场挺进湘西北
新闻发布会策划方案

一、策划背景

1. 自内部认购至今已将近一年，工程进度慢，严重影响投资者信心。甚至有投资者认为是项目缺乏资金。

2. 周边同类项目纷纷上马，且开盘时间相近，分流了客户群。

3. 商业合作单位不是当初投资者所认为的平和堂，铜锣湾的进驻势必影响投资者对项目的印象。

二、企划目的

1. 赢得政府在政策导向、宣传支持等多方面支持，且扩大在市民中的影响力，从而奠定项目广泛的市场基础；

2. 通过媒体的宣传炒作，扩大项目影响力，增强投资者信心；

3. 宣传开发商雄厚的公司实力，树立良好的项目形象，重点把握现有内部认购客户，重新树立他们对项目的信心，并通过人际传播带动新的客户群；

4. 为后续新颖、独特、隆重的 SP 开盘活动充分造势，营造超越其他任何房地产项目的庞大气势。

三、活动组织

主办：常德平和房地产开发有限公司

协办：销售公司　创野地产顾问　合作礼仪公司

四、活动安排

前期筹备→ 活动执行→ 跟进炒作

1. 筹备阶段

时间：12 月 1 日至 12 月 9 日

地点：常德项目组办公室

目的：筹备活动所需物品

工作内容及分工：

①确定邀请嘉宾人员名单	平和，创野协助
②合作公司的选择确定	平和，创野协助
③制作、发放邀请函	平和，创野协助
④媒体投放资料准备	创野地产
⑤制作活动宣传品系列	创野地产
⑥活动场地选择租赁	平和，创野协助

2. 执行阶段（新闻发布会当天）

时间：12 月 10 日 10：00~11：30

地点：华天大酒店多功能会议厅

内容：新闻发布会向外界宣告：

①香港财富集团的加盟；

②铜锣湾百货精品店入主常德；

③项目正式更名，以及项目的全新定位；

④宣布开发商在工程进度、开业时间等方面的承诺；

⑤在政府的大力支持下，项目终于克服了工程中的重重问题，即将于 12 月 25 日正式闪亮登场。

工作内容及分工：

①现场人员的接待	平和，礼仪公司
②签到及纪念品的发放	礼仪公司
③礼品、红包的发放	平和，礼仪公司
④幻灯播放	平和，创野协助
⑤现场摄制的跟进	礼仪公司
⑥现场酒水的供给	平和，礼仪公司

仪式流程：

时间	内容
9：30~10：00	会场布置及媒体签到
10：00~10：05	与会人员入席（配背景音乐）
10：05~10：20	主持人介绍项目情况及现场嘉宾
10：20~10：30	常德市委市政府领导发言
10：30~10：40	平和国际财富广场领导发言（会议主要内容公布）
10：40~10：50	香港财富集团负责人发言
10：50~11：00	铜锣湾负责人发言
11：00~11：30	平和及铜锣湾共同对于项目施工、开业等方面进行承诺
11：30	媒体记者对政府领导及项目开发商负责人等进行采访
11：40	主持人宣布结束

3. 炒作阶段

时间：12 月 10 日以后

地点：常德项目组办公室

目的：通过新闻媒体炒作吸引潜在目标客户以及商家的注意

工作内容及分工：

①12 月 11 日《常德日报》《常德晚报》、常德电视台、常德电台、《潇湘晨报》《三湘都市报》以及湖南卫视、湖南都市分别发布此次新闻发布会召开的新闻进行炒作　创野地产

②12 月 13 日《常德日报》《常德晚报》分别刊发题为"财富集团入主常德 CBD 铜锣湾广场挺进湘西北"的软文进行炒作　创野地产

五、活动预算

1. 媒体预算支出

注：本次活动媒体预算支出列入原有的营销推广计划中，不再另行追加。

2. 人员工资支出

名称	数量	工作时（天）	单价（元/人）	费用（元）
司仪	1	1	2000	2000
礼仪人员	8	1	100	800
拍摄人员	2	1	200	400

合计：3200 元

3. 物料支出

物品名称	数量	单价	费用（元）
邀请函	50	5 元/张	250
空飘	20	300 元/个	6000
条幅	2	200 元/条	400
气球型拱门	2	1000 元/个	2000（租）
嘉宾胸花	20	5 元/个	100
背景板	100（平方米）	25 元/平方米	2500
签到台	1 套	150 元	150
幻灯机租赁费用	1	500 元/天	500
音响租赁费用	1	500 元/天	500
地毯	200（平方米）	100 元/天	100
司仪台	1	200 元/天	200
礼仪绶带	8	50 元/条	400
礼仪花篮	20	50 元/篮	1000
会场租用费	1	5000 元/半天	5000
接送车辆	平和提供		

合计：19100 元

政府机关礼品 400（元）×10（份）＝4000（元）

注：礼品要求是印有平和国际财富广场字样的办公用品

媒体记者礼品 50（元）×20（份）＝1000（元）

注：礼品要求是印有平和国际财富广场字样的办公用品

4. 公关费用支出

省级媒体红包 200 元×10＝2000 元　　市级媒体 100 元×10＝1000 元

务餐费：20000 元

照片冲洗：100 元

合　计：23100 元

活动总预算支出共计：45400 元

附件一：

香港财富集团入主常德 CBD　铜锣湾广场挺进湘西北
新闻发布会文案清单

1. 拱门（2 个）

财富集团入主常德 CBD　铜锣湾广场挺进湘西北（2 个，分别置于华天门口及项目售楼部现场）

2. 氢气球空飘（20 条）

常德核心　财富至尊　2 条

财富集团入主常德 CBD　铜锣湾广场挺进湘西北　2 条

财富国际来了！铜锣湾来了！常德 CBD 脱壳而出　2 条

国际财富集团的大手笔之作　2 条

CBD 财富先锋打造贵族专属领地　2 条

贵胄风度　财富硅谷——财富国际广场　2 条

掀开 CBD 财富硅谷的神秘面纱　2 条

其他为各单位祝贺条幅

负责人：礼仪公司

3. 横幅（2 条）

香港财富集团入主常德 CBD　铜锣湾广场挺进湘西北

4. 彩旗（50 面）

平和国际财富广场（含标志）

5. 礼仪绶带（8 条）

平和国际财富广场欢迎您（含标志）

6. 背景板

常德核心　财富至尊

——香港财富集团入主常德 CBD　铜锣湾广场挺进湘西北

新闻发布会

举办单位：香港财富集团、常德市平和房地产开发有限公司、铜锣湾百货公司

协办单位：常德总商会、常德内贸办、温州商会、深圳市创野房地产投资顾问有限公司

附件二：

香港财富集团入主常德 CBD　铜锣湾广场挺进湘西北

媒体采访计划

1. 政府领导

列席名单：请开发商提供

主题：

推动常德目前的经济发展，提升常德消费水平，创建中国优秀旅游城市

招商引资，发展常德经济

"世纪工程""形象工程"

商业模式专业化、规范化、科学化、合理化

整合常德商业资源，实现常德商业变革

2. 开发商领导

列席名单：略。

主题：

为常德建设小康社会，创建中国优秀旅游城市做努力

政府招商情真意切，办事效率高，为投资商创造了良好的发展环境

整合商业资源，引进品牌商业，完善城市功能配套

3. 铜锣湾领导

列席名单：略。

主题：

发展常德商业，解决常德无高档次商场的现状

政府为商家创造了良好的发展环境，吸引知名商家进入常德市场

整合商业资源，改变常德商业现状

4. 提供资料

平和国际财富广场资料、铜锣湾资料、新闻通稿、发言稿

附件三：

<h3 style="text-align:center">香港财富集团入主常德 CBD　铜锣湾广场挺进湘西北
新闻发布会当天工作</h3>

1. 发布会现场布置

会议厅背景板布置，嘉宾席设置

装饰品摆放（背景、地毯、横幅、花篮）

音响等设备安装、调试

临时停车位准备、引导

横幅、空飘、彩旗布置

2. 营销中心现场布置

拱门、空飘、彩旗布置

3. 接待工作

地点：常德华天大酒店多功能厅（暂定）

操作：

酒店大堂设导示牌，并派 2 名礼仪小姐做向导。

会议厅电梯入口处及转角处设置指示牌，会议厅入口一侧设置签到台（绒布包装）、签到本、签到牌及资料发放处、礼品发放处。礼仪小姐 2 名及 4 名现场工作人员。

签到处分政府领导、商业代表、媒体代表三个签到处。

嘉宾签到后，由礼仪小姐（4 名）引领至接待区（注：分区接待，重要嘉宾由项目主要负责人引至贵宾室）。

礼仪公司负责为嘉宾戴花，嘉宾 9：30 开始入场（提前 30 分钟）

附件四：

<h3 style="text-align:center">香港财富集团入主常德 CBD　铜锣湾广场挺进湘西北
新闻发布会董事长讲话
（建议稿）</h3>

尊敬的各位领导、各位嘉宾、朋友们：

大家好！今天，我们在这里隆重举行香港财富集团进驻常德 CBD　铜锣湾广场挺进湘西北新闻发布会。我谨代表平和房地产开发有限公司各位同人，向前来参加新闻发布会的各位领导和嘉宾表示热烈的欢迎，并致以最诚挚的谢意。

为了做好这个项目，我们邀请到香港财富集团的加盟。香港财富集团是一个全球化的融资窗口和资金运作平台及国际商贸、国际商务活动的桥梁，它汇聚了金融、管理、财务、法律等方面的高层次专业人士，拥有广泛的社会资源、合作网络和业务渠道，2003 年在大陆签约投资超过 100 亿元人民币，可谓资金雄厚，实力强大。他们选择与我们合作开发平和商业广场也显示了他们的慧眼独具。我相信此次我们的共同合作将能够成功打造常德的 CBD 核心商务区。

商业靠的是气氛，靠的是龙头商家的引导。因此，为了确保我们项目运营成功，我们也很荣幸地邀请到了我国百货知名商家——民族百货铜锣湾集团来担任这个龙头，由他们来进行项目后期的经营管理。相信铜锣湾的进驻将改变常德乃至整个湘西北地区没有精品百货的现状，势必将给常德商业带来翻天覆地的变化。

从今天起，常德平和商业广场将正式更名为常德平和国际财富广场。项目建成后将成为 21 世纪常德顶级名流的身份标志，成为顶级品牌商业聚集的常德精品购物中心。

现在我们的各项工作都在如火如荼的进展之中，本月 25 日项目盛大开盘，群楼也将在此阶段同步封顶。5 月，铜锣湾精品百货将正式开业。

能够取得如此的成绩要感谢常德市委、市政府领导、各兄弟单位以及常德市民的大力支持配合。正是由于你们的支持，才使得在遇到地下河等系列恶劣的地质条件下，仅用 8 个月的工期就完成了地下部分的施工，各项工作才能进展如此顺利。（在此特别强调工程施工单位曾取得的成绩，请甲方提交相关资料）

我们的发展离不开大家的支持，我们也将为常德民众的办公环境、消费环境带来前所未有的提升，让我们、财富集团的同人、铜锣湾的商业精英们与全市人民共同见证吧。

再一次感谢前来参加此次新闻发布会的各位领导、各位嘉宾。

衷心地祝愿大家工作顺利，阖家幸福、美满，也祝常德明天更美好！

谢谢！

附件五：

香港财富集团入主常德 CBD　铜锣湾广场挺进湘西北
新闻发布会主持人台词
（建议稿）

各位领导、各位来宾：

首先，请允许我代表平和房地产开发有限公司向光临此次香港财富集团进驻常德

CBD 铜锣湾广场挺进湘西北新闻发布会的各位领导和来宾表示最热烈的欢迎。

今天到场的嘉宾有：×××、×××、×××……

现在我宣布"平和国际财富广场新闻发布会"正式开始。

下面有请平和国际财富广场董事长发言。欢迎！

（董事长发言　毕）

下面有请香港财富集团负责人发言。欢迎！

（财富负责人发言　毕）

下面有请铜锣湾负责人致辞。大家欢迎！

（铜锣湾负责人致辞　毕）

下面有请常德市委市政府×××领导致辞。欢迎！

（市领导致辞　毕）

我宣布香港财富集团进驻常德 CBD 铜锣湾广场挺进湘西北新闻发布会正式结束，再次感谢各位领导、各位嘉宾、各位朋友们的光临。谢谢大家！

附件六：

香港财富集团进驻常德CBD 铜锣湾广场挺进湘西北
新闻发布会新闻通稿
（基本框架）

本报讯，昨日，位于常德市 CBD 核心区的常德平和国际财富广场于华天大酒店正式召开了"常德核心 财富硅谷——香港财富集团进驻常德 CBD 铜锣湾广场挺进湘西北"新闻发布会。该项目的推出标志着常德 CBD 的正式出现。该项目将在不久之后给常德商界带来翻天覆地的变化。

平和国际财富广场位于常德 CBD 核心区域武陵区武陵大道。由平和房地产开发公司开发建设。总建筑面积为 29 990 平方米，采取国际流行的底层商铺加高档写字楼的运营模式；其中 1~4 层为商业群楼，商业面积 13 118 平方米；5~7 层为功能转换层；而 8~23 层则规划为常德最高档的商务写字楼。

该项目地处常德 CBD，财富聚集之地，项目建成后将成为常德高档商业发展龙头，成为顶级品牌商业聚集的常德精品购物中心。

此次新闻发布会上，平和地产与香港财富集团正式达成了战略联盟，首度挺进湘西北，而铜锣湾百货也不甘其后，与本司正式签订合作合同，以常德铜锣湾精品百货店作为拓展湘西北市场的重要核心步骤。三大强势集团联手打造常德 CBD 核心项目——平和国际财富广场（原为平和商业大厦，特此更名），优势资源共享，必然创造常德商界风暴。

此次新闻发布会还就项目竣工时间、开业时间对社会进行了公开承诺。平和地产表示，今年年内必将完成商业群楼的建设，明年5月将正式对外公开营业。

据悉，此项目在施工过程中遇到了地下河等极为恶劣的工程地质条件，仅用8个月的工期就完成了地下部分的施工，在业内实属难得一见的高速运作，这归功于各合作公司的通力合作，特别是省建设集团给予了本项目大力支持。

昨日，市委书记×××、市长×××亦出席了新闻发布会，他们表示：市委、市政府将继续关注平和国际财富广场的建设，继续给予大力支持，共同提升常德城市的形象和功能配备。

备注：案例资料来源于百度文库。

■ 任务解决

对拟打造项目进行需求分析和筛选，撰写可行分析和会议策划方案，按照程序申报项目，是新会议项目打造的主要途径。

■ 实训任务

动漫论坛立项策划书撰写

任务分析：

要求学生在学完本项目之后，团队完成特定类型会议的策划方案，特别是对于会议基本要素、会议议程及活动安排、会场布置、会议接待及后勤保障、宣传推广和经费预算等内容的思考和安排。

操作步骤：

组织分工：教师将学生每5~8人分为一组，设组长1名。

任务研究：会议策划是大学生并不陌生的项目，小到班级会议，大到通过新闻等形式了解的国际国内会议，各小组可拓展思维进行创意策划，根据策划涉及范围的不同，结合本地审批机构设置状况，将申报工作计划落实到具体政府机构。

注意事项：教师主要是审核学生会议策划方案结构的完整性，同时注重申报工作计划中对应的审批部门是否正确可行。

■ 项目内容小结

会议策划能力是会展策划与管理专业学生的基本技能之一，企业对新进员工也有策划能力的要求。故本项目进行了教学和考核方式的改革，在日常教学中教练结合，要求学生在掌握好基础知识之后，能团队合作完成会议策划方案。

自我评估

1. 谈谈你对成都建设国际国内重要会议目的地城市的实践道路的理解。
2. 尝试绘制出相对式、全围式、半围式、分散式四种常见类型会场布置示意图。
3. 四川国际会展有限公司在今年西博会结束之后决定为优秀员工组织一次奖励旅游，请以小组为单位，运用脑力激荡方法讨论；小组推荐代表说明本组所有提议。

案例精选

"世界经济论坛"介绍

世界经济论坛（World Economic Forum）是以研究和探讨世界经济领域存在的问题、促进国际经济合作与交流为宗旨的非官方国际性机构。总部设在瑞士日内瓦。其前身是1971年由现任论坛主席、日内瓦大学教授克劳斯·施瓦布创建的"欧洲管理论坛"。1987年，"欧洲管理论坛"更名为"世界经济论坛"。由于首次举办是在瑞士小镇达沃斯，因此也被称为"达沃斯论坛"。

论坛会员是遵守论坛"致力于改善全球状况"宗旨，并影响全球未来经济发展的1000多家世界知名企业和公司。这些企业和公司年营业额总计超过4万亿美元。合作伙伴都是与论坛合作更紧密、对论坛活动贡献更大、受益也更大的企业组织，论坛有选择地与会员建立合作伙伴关系。此外，论坛还有各种性质的会员制组织，涉及政治、经济、文化、宗教、传媒和学术等领域。世界经济论坛每年还与若干国家的政府或企业联合主办各种国际经济讨论会。

世界经济论坛年会一般是在每年一月下旬召开，会议持续约一周时间，每年都要确定一个主题，在此基础上安排200多场分论坛讨论。随着世界形势的发展和论坛影响的日益扩大，论坛的议题也不断深入扩展，不仅包括影响世界经济发展的热点问题和企业发展的潮流趋势，还包括更广泛领域内的政治、军事、安全、社会发展等全球性重要问题。

世界经济论坛致力于召集各界领袖开展合作，以研讨世界经济领域存在的问题、促进国际经济合作与交流为宗旨，达到确定全球、地区和行业议程，进而影响世界的目的。论坛成员由全球有影响的企业领袖、国家政要和知名专家组成，均是各自行业和领域内最有影响力的领导者和决策者，因此也被形象地称为"经济联合国"，成为各国政要、企业领导人、国际组织官员、专家学者就世界重大问题交换意见的平台。论坛成员由以下几部分组成：

一是论坛基金会。现拥有正式企业会员1100多家（含中国企业19家），要求企业年营业额在 50 亿美元以上，主要是全球前 1000 强的大跨国公司。

二是各行业领袖板块。由上述基金会成员中世界主要工业领域内最知名公司的高层管理人员组成，现有 220 多家。

三是媒体领袖板块。包括全球传媒领域内最有影响力的人士，他们的参与将保证论坛活动的公开、公正和可靠性。

四是论坛嘉宾板块。包括全球在政治、经济、科学、社会、科技等领域内的知名人士。

五是政界人士板块。包括各国政府现任的领导人以及主要国际组织的领袖人物等。

六是文艺精英板块。包括全球 100 多名来自文艺领域的知名人士，他们的参与可增加论坛活动、讨论内容的丰富性。

七是全球青年领袖板块。论坛每年在全世界各个领域内遴选出 100 名左右 40 岁以下的青年领袖人物，选拔标准是具有一定的影响力和领导经验、有服务于社会的强烈意愿、希望用自己的才华解决世界正面临的最具挑战性的问题。目前，全部成员约有 600 名（超过年龄自动取消资格）。他们是全球性问题的新一代决策者，已形成一个可以对全球未来构成影响的国际社区。

八是全球成长型公司。即在某些行业或地区已经崭露头角，具有潜力在未来 5 年内角逐世界经济领先地位的企业。目前，"全球成长型公司"会员约 200 家，其中中国会员企业 40 多家，天津企业 15 家。预计到 2016 年年底，"全球成长型公司"会员总数将达 300 家，其中中国企业 60 家。

下面是对 2004 年至 2017 年召开的世界经济论坛的介绍：

2004 年 1 月 21 日至 25 日，第 34 届年会在达沃斯举行。本届会议的主题是"建立繁荣和安全的伙伴关系"。包括 30 多名国家元首、政府首脑和 200 多名各国政界要人以及世界著名公司和企业代表在内的各界人士在会议期间研讨世界经济的现状和前景，促进国际经济技术的合作与交流。

2005 年 1 月 26 日至 30 日，第 35 届年会在达沃斯举行。本届会议的主题是"为艰难抉择承担责任"，本届年会共有来自近百个国家的 2000 多名代表参加，会议就全球商业、科技、文化等主题进行 200 多场研讨会，并将就中国经济的前景、欧洲、气候变化、全球化中的公平性、全球经济、大规模杀伤性武器、世界贸易、巴以问题、伊朗核问题、伊拉克局势和伊拉克大选等议题进行磋商和讨论。中国国务院副总理黄菊应邀出席本届年会，并在年会全体会议上发表题为《科学发展观与 21 世纪的中国经济》的特别致辞。

2006 年 1 月 25 日至 29 日，第 36 届年会在达沃斯举行。本次会议的主题为"开拓创新，把握未来"，讨论了世界经济格局、创造未来就业等问题。中国国务院副总理曾培炎应邀在年会上发表题为《开拓创新　把握未来》特别致辞，介绍中国经济社会发展的相关政策举措。

2007 年 1 月 24 日至 28 日，第 37 届年会在达沃斯举行。论坛年会以"变化中的力量格局"为主题，来自约 90 个国家和地区的 2000 多名政要和各界人士就 2007 年世界面临的挑战以及对策进行了研讨。中国国务委员华建敏出席年会全体会议并发表了题为《科学发展 和谐发展 和平发展》的特别致辞。

2008 年 1 月 23 日至 27 日，第 38 届年会在达沃斯举行。有 27 位国家元首或政府首脑、110 多位政府部长以及众多知名企业领导人和政界人士共 2500 多人出席。年会以"合作创新的力量"为主题，分别就全球关注的金融市场动荡、经济前景的不确定性、气候变化、能源形势、食品供应安全等问题进行了辩论。中国国务院副总理曾培炎与会并发表题为《协同创新 互利共赢》的特别致辞。

2009 年 1 月 28 日至 2 月 1 日，第 39 届年会在达沃斯举行。本届年会以"构建危机后的世界"为主题。2500 多名与会者就如何应对国际金融危机进行了深入的探讨，同时也充分关注了气候变化、能源、粮食和水资源安全等全球性议题以及中东地区局势等热点问题。中国国务院总理温家宝出席并发表题为《坚定信心 加强合作 推动世界经济新一轮增长》的特别致辞。

2010 年 1 月 27 日至 30 日，第 40 届年会在达沃斯举行，2500 多名与会领导人将讨论全球面临的各种紧迫性问题，包括经济形势、气候谈判、如何改进国际合作体制以及海地震后重建等。本次会议的主题是"改善世界状况——重新思考、重新设计、重新建设"。时任中国国务院副总理李克强出席年会并发表了特别致辞。

2011 年 1 月 26 日至 30 日，第 41 届年会在达沃斯举行，全球政商界精英围绕"新形势下的共同准则"这一主题热议全球经济形势和政经格局之变，而中国继续成为焦点。

2012 年 1 月 25 日至 29 日，第 42 届年会在达沃斯举行，本届年会主题为"大转型：塑造新模式"，强调全球各领域存在着深层结构性问题，进行全面深入的变革已不可回避。

2013 年 1 月 23 日至 27 日，第 43 届年会在达沃斯举行。年会以"弹性和动力"为主题。围绕全球经济风险、重建经济活力、增强社会抵御风险的韧性等三大议题进行250 余场研讨会。来自全球 150 多个国家的 2500 多名政商精英齐聚一堂，商讨全球经济面临的新挑战及应对之策。

2014 年 1 月 22 日至 25 日，第 44 届年会在达沃斯举行，会议主题是"重塑世界：对社会、政治和商业的影响"。据悉，来自近 100 个国家和地区的 2500 余名政商学界人士参加年会，世界银行行长金墉、国际货币基金组织总裁拉加德、欧洲央行行长德拉吉等国际组织领导人也出席了论坛年会。

2015 年 1 月 21 日至 24 日，第 45 届年会在达沃斯举行，主题为"全球新局势"（TheNewGlobalContext）。

2016 年 1 月 20 日至 23 日，第 46 届年会在达沃斯开幕。以"掌控第四次工业革命"

为主题的论坛，将聚焦全球增长"新常态"、中国经济转型、科技进步和第四次工业革命、全球安全和环境问题等四大热点问题。中国国家副主席李源潮及来自100多个国家的2500名代表出席了本次论坛年会。

世界经济论坛2017年年会将在达沃斯举行，通过举行全球规模空前的会议，开展合作，共同设计并构建全新的系统，从而塑造更美好的未来。世界经济论坛2017年年会将主题定为"领导力：应势而为、勇于担当"。

资料来源：百度百科 baike. baidu. com

会议服务

职业能力目标 >>

　　能了解会议服务具有的服务特性；能认识会议服务的内容和特点；能熟悉会议服务的岗位职责和服务规程；能理解会议服务人员的行为素质要求。

任务导入 >>

　　小明应聘到××会议服务有限公司工作，工作中，他接到的第一个任务就是为公司编制一份会议服务指南，这份指南将作为今后公司的一个宣传依据，需要内容具体，涵盖面广。小明应该从哪些方面来撰写这份会议服务指南？

任务一　认识会议服务

一、对服务的认识

（一）服务的概念

　　什么是服务？国际标准化组织（ISO—International Standard Organization）在 1991 年颁布的 ISO 9000—2 标准《质量管理和质量体系要素第二部分：服务指南》中对"服务"做出如下的定义："为满足顾客的需要，供方与顾客接触的活动和供方内部活动所产生的结果。"从中我们可以理解为服务可以满足顾客生理和心理方面的需求，即满足顾客依其个人兴趣、情绪、需求提出的要求。

从心理学角度分析，服务就是为他人做事，并使他人从中受益，从这个意义上说，服务就是一种用以解决（减轻）个人或团体困难的行为，是援助某人或有益于某事的行为，它可以被用来达到进一步的目的或效果。

从人际关系角度分析，服务就是人际交往，妥善地、和谐地处理人际关系。"服务即交往，交往即服务。"接待服务中的人际关系就是客我关系，即顾客与员工的人际关系。员工为客人提供服务的过程，就是与客人"打交道"的过程。因此离开了交往也就无所谓服务。

从会议公司的经营理念分析，服务就是品牌。世界著名的会议公司均视服务为企业的生命，随着社会生产力飞速发展，信息与技术的交流与融合，会议公司硬件设施水平的不断提高，会议公司想独具优势实属不易。在会议市场竞争日益激烈的情况下，谁能赢得市场，谁能抢占先机，靠什么？靠品牌。而品牌的创立又离不开服务。这里的服务质量不仅指服务产品的内容与生产质量，也指服务产品的售后服务，而售后服务更是产品的品牌形象在售出后的延伸。服务就是品牌，谁做好了这篇文章，谁就能使自己的公司经营思维观念上升到一个更高、更新的境界，谁就能在激烈的市场竞争中赢得客户，并拥有自己的品牌，到那时公司得到的不仅是市场经营的利益，更有社会广泛的赞誉。

在国际接待业中，服务的英文单词 SERVICE 被赋予如下的解释：

S 代表 Smile（微笑），员工对客人的微笑是促进与客人交流的天使，而管理者对被管理者的微笑则体现了友情管理与情商管理。微笑是服务的伴侣。

E 代表 Excellent（出色），这是对服务工作的要求，也是创立服务品牌的秘方，出色是服务的标准。

R 代表 Ready（准备），不打无准备之仗。准备到位，方能得心应手，准备是服务的基础。

V 代表 View（看待，一视同仁），就是说服务一视同仁，即服务不能因地位、服饰、肤色、语言、关系的不同而有所不同。服务态度和礼节规范应始终统一，这是起码的职业道德。看待（一视同仁）是服务的根本。

I 代表 Inquire（征询），征询要求向顾客了解服务项目和服务效果的意见，征询也要求向同行和行业专家了解他山之石，征询还要求向员工了解他们对服务管理和改进的建议。征询是了解，征询是学习，征询是改进，一句话：征询是服务的要求。

C 代表 creative（创新），服务离不开创新，创新要求服务不能因循守旧，必须不断进取，不断开拓，创新是效率的发动机，是服务的提高、再提高。

E 代表 Eye（交往），交往是员工与顾客心灵的沟通，是管理者与被管理者心灵的撞击，交往要想客人之所想，急客人之所急，交往就是完善服务的点睛之笔，是服务的保障。

按上述解释，服务（Service）集微笑、出色、准备、看待（一视同仁）、征询、创新、交往于一身，体现了服务的准则和技巧。

（二）服务的特性

从经济学的角度来分析，服务又是区别于传统物质产品的一种特殊产品。它不是以物质形态表现出来的一个个具体的有形产品，而是凭借一定物质条件以多种服务形态表现出来的无形产品。它具有以下四个最基本的共同特征。

1. 无形性

服务是无形的，服务的购买者不可能在其购买服务前触摸和品尝服务，或者像检查和比较有形产品质量一样来检查和比较服务的质量，它只能通过消费者的体验来感觉好坏。

2. 不可储存性

服务是不可储存的，同消费品形成对比，服务产品没有货架寿命，它不能储存以备未来出售。从这点出发，服务的效用与价值不能固定在空间上和时间上。

3. 差异性

服务是有差异的，这里有两个含义。一个含义是服务不同于按统一规格生产出来的有形产品，服务的构成成分及其质量水平差异变化较大，每个会议企业或会议饭店所提供的服务都不一样。而在同一个会议企业，因人类个性差异的存在，不同服务员提供的同种服务也会不同，即使同一服务员提供的同一种服务也会在不同时间和不同场合，因员工价值观、情绪、工作态度和客户对象的不同而发生变化。另一个含义是由于顾客的文化程度、经历、性别、职业、道德水准、情绪、个人需求等因素的不同，而导致对服务的要求和评判的标准不一。

4. 不可分离性

即服务的生产和消费是同时进行的。由于无形的服务不能储存，决定了服务既不能在时间上进行储存，也无法在空间上进行转移并以物流的形式流通，服务的这种在时间和空间上的不可转移性必然决定了生产与消费的同步性，即生产与消费的不可分离性。

二、认识会议服务

（一）会议服务的内容

会议工作是由管理、策划、实施、服务、会场布置等多方面的特定工作有机结合在一起的一个整体。这些工作相互作用、相互依赖。任何一项工作的欠缺或不正常都会导致整个系统运作的失调。

1. 广义的会议服务

广义上的会议服务，是指会务公司或相关企业向会议活动的主办者、承办者、与会者、参会者、所提供的全方位服务，包括会议策划、会议筹备和组织、会议接待、文案制作、广告宣传等各方面的服务。具体来说，广义的会议服务既包括发生在会议现场的租赁、广告、保安、清洁、仓储、会场布置等专业服务，也包括餐饮、旅游、住宿、交通、运输等相关行业的配套服务。

2. 狭义的会议服务

狭义的会议服务是指在会议活动中，由主办方或承办方向与会者、参会者、客商以及观众所提供的各项服务，主要包括采访、接待、礼仪、交通、运输、后勤、旅游、文书、通信、金融、会场氛围营造等方面。

综上所述，当今科学技术迅猛发展，产品的更新换代不断升级，商家在"以质取胜"的同时还要提升服务水平。在参加各种会议时，面对铺天盖地的广告宣传攻势和五花八门的促销手段，商家要想战胜竞争对手，保持和扩大市场份额，会议服务质量的高低就是直接影响企业会议目标能否实现的关键。

（二）会议服务的特点

会议是特殊的服务行业，核心本质是服务。会议服务具有人文性、专业性、时尚性、综合性、协调性的特点。

1. 人文性

人文性强调对人的关怀，强调个性化的服务。人文性贯穿于会议服务的整个过程——会议报名，会议的议题，会场的选择，会议的筹备、策划、日程安排，与会者的食宿，会场布置，现场服务以及会后的后续工作中。

2. 专业性

会议的专业性很强，它需要参与人员掌握足够的会议知识。只有明确会议的业务性质、范围、职责要求、工作流程、服务标准，才能有的放矢。

3. 时尚性

会议服务的性质、场所与时代经济的发展密切相连，因而，服务的形式与内容都要求时尚、有现代感，才能给与会者和观众留下深刻的印象，满足他们求新求异，追求时尚的心理。

4. 综合性

会议服务的对象特殊而又复杂，会议服务人员不仅要懂得政治、文化、服务心理、销售、礼仪等现代服务理论，而且还必须掌握接待礼仪、会话艺术、餐饮文化、现代设施及设备的使用等服务技能。缺少任何一项技能，很有可能导致会议服务的不圆满和失败。

5. 协调性

会议服务涉及部门很多，环节很多，哪一方面都不能疏漏。会议服务需要由各部门互相协调，共同配合，才能做好工作，达到共赢的目的。

（三）会议服务理念

1. 热情友好，细致周到

在会务服务中，服务人员既要有热情友好的态度，又要有细致周到的工作作风。会议服务工作涉及方方面面，环节多、操作性强，有时一个小小的差错就可能引起与会者的误会或不愉快，影响整个会议活动，甚至产生极其不好的政治影响。因此，服务人员应当认真做好每一件细小的服务工作，通过热情而又周到的服务，保证会议活动的顺利进行。

2. 一视同仁，平等对待

会议服务对象的广泛性特征决定了服务人员必然要为来自不同的国家、地区或组织的不同的种族或民族、不同的意识形态、宗教信仰、风俗习惯的与会者服务。在服务过程中，无论是举行迎送仪式、确定礼宾次序，还是安排吃、住、行，都必须按照国际惯例或者约定的办法，坚持一视同仁、平等对待的原则。

3. 勤俭节约，倡导新风

从会议经费的使用情况来看，绝大部分支出是用在会议的服务上。因此，勤俭办会的关键之一就是会议的服务要注意节约，无论是对内还是对外、对上还是对下的服务，都要坚持这一原则，反对讲排场、摆阔气、奢侈铺张、大吃大喝，倡导勤俭节约、讲求实效的文明会风。

4. 加强防范，确保安全

会议服务，安全第一。没有切实的安全保证，就不会有成功的会议。会议服务的安全包括饮食安全、住地安全、交通安全等。为了确保安全，必要时可同有关安全保卫部门联系，采取严格的防范措施，消除一切不安全的隐患，以确保会议的顺利进行。

任务二　会议服务的岗位职责及服务规程

一、会议服务的岗位职责

1. 按照客户要求布置好会场，配合会议主办方做好会场布置及会议前期各项准备工作，做好会前的物品准备；
2. 负责酒店会议中心的设备、设施正常使用，定期维护保养，在会前仔细检查会场设施设备，保持设备完好、有效；
3. 工作中仪容整洁，遵守服务程序和服务规范，热情、主动、有礼貌地接待客人，按会议要求认真做好各类会议的接待、服务和协助结账工作，提供令客人满意的服务；

4. 熟悉会议服务流程，确保会中服务的质量，保证会议有序进行，会中服务包括：

①负责会议中心的清洁卫生工作，保持会议进行过程中环境整洁，空气清新；

②负责会议所需的茶水、果点、会议用品、桌椅、照明、空调设施的准备；

③负责会议期间的茶水、果点服务，保证宾客的随时服务需求；

④负责会议进行期的所有治安、协调等工作。

5. 定期参加相关会议组织/机构和相关部门组织的专业培训；

6. 做好会后场地清洁卫生和设备、物品的收集清理工作，以及会后会议资料的存档工作；

7. 遵守各项规章制度，用《员工手册》的规定规范自己的行为；

8. 服从管理，完成领导交办的其他任务。

二、会议服务的服务规程

会议的服务工作涉及面广，事务繁杂，千头万绪而且各项具体事务之间又紧密相连，一个环节出了问题，可能引发其他环节也发生问题，甚至导致会议的失败。可见，会议服务工作操作起来必须有章可循，按照预定的步骤、程序，明确每个环节具体应做好什么工作。否则，难免会忙中出乱，服务工作难以有效开展。因此，会议组织者必须对会议服务工作流程有一个清晰的认识和准确的把握。在此基础上，布置任务，安排人员，做到环环有安排，事事有人管。

（一）会前服务准备

会前服务准备是服务流程中的第一个环节，这一环节工作做得好坏直接影响以后各环节工作的开展。"万事开头难"，会前服务准备工作必须做实、做细、做全，才能保证会议服务有一个良好开端。这一流程包括如下具体工作。

1. 与会议主办方洽谈

每一次会议都有它召开的目的和对象，要成功地举办会议，就必须获得该次会议的需求，而实现的途径恰恰是要与会议的主办方进行积极的联系和沟通，最大限度地获取会议的信息，并挖掘其信息的需求。

2. 向会议主办方提供会议接待策划方案和报价

根据会议的要求和特殊性，提供和制订可行性的策划方案，并提出预案供选择、推荐合适的会议型场所、餐饮场所及与预算相适应的菜谱、会议交通流程、接待流程等。

3. 邀请会议主办方实地考察

实地考察是会前服务准备工作的关键一步，以便获取有关会议服务方面的详细信息。"耳听为虚，眼见为实"，只有到拟举行会议的地点去切身体会一下具体环境，才能真正做到心中有数。实地考察的工作重点应是住宿、餐饮、交通等具体服务工作的详细资料和细节性问题。

4. 与会议主办方确认会议接待方案

通过实地考察，对最先提供的方案会有或多或少的修改，这个过程需要耐心与细致——必须逐一推敲设想的流程及预案，尽可能把方案细化，在现实条件下，本着协商一致的原则，应尽快确认会议的最终接待方案，这个方案涉及的信息量大，一般涵盖以下的内容：

（1）会议基本信息

确认会议的报到日期、会议名称、到会的大致人数、使用会议室的日期和会议室摆设方式等。只有这一基本信息确定，才能尽快为会期预订所选酒店的房间、餐厅、会议室等。

（2）会议交通或旅游信息

在落实会议报到日期后，应该与旅行社或相关部门落实会后考察行程的用车、导游、火车票、飞机票、地接社（只是提前进行大致预订）。及时准确掌握机票、船票、火车票、酒店信息，这是为与会人员提供交通和住宿服务必不可少的环节。

（3）会场氛围营造

会场氛围营造不仅包括会议所需的音响、灯光、摄影等设备的到位，提前设计会议所需视听设备的现场布置和效果方案，还包括提供平面、立体 AV 设计。平面、立体 AV 的不同布置会产生不同的会场效果。因此，在此环节上也应根据会议类型、会议进展阶段和会场的客观条件提供力求最佳效果的设计方案。

（4）其他会务服务项目

在整个会议的组织和准备工作中，还涉及其他的相关会务工作，包括报名处理、翻译服务、纪念品制作、传媒联系、新闻稿撰写、记者会安排、文宣材料印制、资料分发、人力支持的准备工作。需要哪些服务是根据每个会议的要求来定的，所以必须要进行提前策划与准备。

（5）与会议主办方签订会议接待标准合同

在双方的谈判基本达成一致时，就应该尽快签订会议接待相关合同，以保证会议的如期进行，因为会议涉及的可变因素过多，所以应尽快以书面的形式确认双方的权利、义务与责任，并签署相关服务协议。

（6）严格执行合同

严格而又人性化地执行协议，将是双方合作精神的高度升华。不管设想如何完美，任何计划都是存在纰漏的，需要合作双方本着合作的理念，抛开暂时的不和，以会议的圆满结局作为一致的奋斗目标。在此期间，双方需要口头或书面承诺原来协议以外的服务视为协议的延伸，并临时决定双方签字负责人，所有临时往来允许采取事前商议、事后结算的方式执行。

（二）会议报到前酒店的准备工作

会议组织者在做好上述服务准备工作之后，与酒店等会议举行、接待地点做好相关协调工作是不可缺少的一环。会议组织者自身所做的各项前期服务准备工作必须在具体服务地点得到实施，因此必然有一个与酒店等服务场所工作对接的问题，才能达到协调一致，同时还能节约成本，提高效率。另外，酒店等服务场所的服务准备工作是会议服务准备工作的重要组成部分，不可忽视。

1. 报到工作

入住酒店的工作人员须将会务组房间布置好，以便会议报到时使用；同时与酒店各个相关部门协调好会议细节问题（如会议用布标、会议室、餐厅的情况）；将会务组标识张贴在容易看到的地方。会议秘书在会议接待（报到）处协助会务组确认和分发房卡，确认VIP用房及整理记录有关信息。协助分发会议礼品及房间派送水果等会务工作。

2. 会议资料的准备

会议环节已进入倒计时，应该确认会议资料的准确无误与及时到位。准备会议所用相关用具，会议所在酒店或专用车辆的各类标识、签到登记的表格、文具用品、学习资料袋（包括：笔记本、笔、文件袋）、预订返程交通所用表格和车次时刻表、相应的返程交通价格表等均安排到位。

相关会议使用设备的准备情况（如会场布置情况、多媒体投影仪），应该提前进行调试，与专业人员沟通好会议的要求。

（三）会中服务

正如上文提及，会议进行中的服务视会议的性质而定，一般来说，会中的服务包括以下的项目：

1. 提供专业外语翻译，摄像，礼仪公关和文秘服务。
2. 提供经验丰富的接待人员全天协助会务工作。
3. 为特殊客人（领导、少数民族代表、VIP、残障代表及家属等）的安排及接待工作，为其提供特殊照顾和服务。
4. 提供会议期间后勤保障工作和外围的协调服务。
5. 会议用餐时间、菜单、标准、形式、酒水及主次桌和其他相关安排等工作。
6. 协调会议期间的交通工具的安排。
7. 代办会议代表返程及他程的交通票务及其他委托代办服务。
8. 确认并保障会议期间会场防盗、消防等安全工作，参会代表的人、财、物等安全工作。

（四）会后服务

会后服务是会议服务流程中最后一个环节，但同样需要妥加安排。会后服务是前面几项会议服务工作的延续，它能保持会议取得的成果，增加与会人员的美好印象。同时，做好会后服务工作也是完美闭会的必然要求，不能因小失大。这一服务流程具体包括如下工作。

1. 会务服务的总结、评估、会议代表的意见反馈及处理工作。
2. 会议资料、领导讲话稿、代表发言稿、新闻报道资料的汇总结书工作及印刷、代表通讯录。
3. 与会议主办者的费用结算工作。
4. 欢送代表工作。

任务三 对会议服务人员的行为素质要求

一、行为基本要求

（一）服从上级领导

会场工作人员必须服从上级领导，要按本企业的要求办事，要如实地向领导报告工作，尊重和维护上级的威信，有问题要及时请示，增强工作的主动性，尽职尽责地做好分内的服务工作。要细心观察、善于分析，不断提高服务水平，遇到问题要敢于承担责任。

（二）尊重同事

要有与同事友好相处的愿望，并以自己饱满的情绪、规范的语言以及得体的举止和友好的态度与对方友好相处，以建立彼此间的信任和友谊。

（三）协调友邻

会议接待服务是一项综合性工作，要靠酒店各部门的共同努力来完成。尤其是大型会议活动，更是一项全局性的工作，因此搞好友邻协调工作尤为重要。这就要求会议接待人员要有大局观念，局部服从大局，从整体出发，不能只考虑个人利益，只有把整体利益放在第一位，才能协调好各方资源，共同把工作做好。

（四）超强的服务意识

会议服务的工作性质要求其工作人员有很强的服务意识。服务意识（Service Consciousness）是指企业全体员工在与一切企业利益相关的人或企业的交往中所体现的为其提供热情、周到、主动的服务的欲望和意识。即自觉主动做好服务工作的一种观念和愿望，它发自服务人员的内心。具有服务意识的人，能够把自己利益的实现建立在服务他人的基础之上，能够把利己和利他行为有机协调起来，常常表现出"以他人为中心"的倾向，是服务人员的一种本能和习惯。它是可以通过培养、教育训练形成的。

二、技能素质要求

（一）良好的语言表达能力和优雅的形体语言表达技巧

良好的语言表达能力是实现有效沟通的必要技能和技巧。而掌握优雅的形体语言表达技巧，能体现出服务人员的专业素质。举手投足、说话方式、诚恳的笑容，内在的气质会通过外在形象表露出来。

（二）丰富的行业知识及经验

丰富的行业知识及经验是解决问题的必备武器。不管做哪个行业都需要具备专业知识和经验。由于会议服务涉及范围广，专业知识涵盖面广。比如在会议礼仪方面，一个合格的会议服务人员至少要知道会场服务礼仪、会议接待基本礼仪、发言人礼仪、会议座次礼仪等知识。所以需要在不同的会议场合，积累并学习该行业涉及的专业知识与经验。

比如代表到前台签到，工作人员要起立，热情接待。与客人说话，要自然大方，切忌态度生硬，语言粗鲁，要始终微笑露出八颗牙齿。

酒店门口迎接服务的顺序原则上按照先主宾、后随员，先女宾、后男宾的顺序，帮忙把行李送到签到台或前台，协助办理签到手续（备注：所有的服务顺序都可按照以上程序操作，只是在不同时间作相应调整）。

当客人有问题需要解决而到服务台寻求帮助时，如客人是站着的话，我们就必须起立，语气温和而耐心，双目注视对方，集中精神倾听。处理问题时，语气要委婉，当客人提出的问题我们不能解决时，则不能允诺，可表示向有关人员请示后再作答复，并记下他的联系方式，以便及时回答。

举止要庄重、文明，无论站、坐，姿势要端正，站时不要东倚西靠，坐时不要跷二郎腿、晃腿；交谈时不要用手中物品指着对方，也不要抓头、搔痒、剔牙，更不能边嚼口香糖边和客人交谈。

陪客人乘电梯时，要伸手示意请进电梯，对老弱病残者，要主动搀扶。有事要进入客人房间时，需先轻敲两下门或按两下门铃，如客人没有回应，则可以重复做一次，切记敲门和按铃不能过急，待客人开门允许后才可以进入房间，不能贸然闯进客人房间。

（三）处乱不惊的应变能力

应变能力是当代人应当具有的基本能力之一，是对一些突发事件进行及时有效的处理。在当今社会中，我们每个人每天都要面对比过去成倍增长的信息，如何迅速地分析这些信息，是人们把握时代脉搏、跟上时代潮流的关键。

在会议服务中，由于会议受很多不确定因素的制约，导致在会议服务中经常遇到各种各样的问题。在这个时候，就要求会议服务人员能够处乱不惊，以不变应万变，沉着冷静、灵活地处理这些问题。同时，会议服务人员每天都要面对不同的客户群体，而客户的社会层次、受教育程度、表达能力、评判事物的标准以及性格特质各不相同，这在很大程度上影响我们服务人员的工作状态，这更需要在不同的情境下，适度地调节。

三、心理素质要求

（一）良好的情绪自控能力

情绪的自我掌控和调节能力是指什么呢？比如：一个会议机构服务人员，每天接待100个客人，可能第一个客人就把他臭骂了一顿，他的心情因此变得很不好，情绪很低落，他也不能回家，后边还有99个客人在等着他。这时候他会不会把第一个客人带给他的不愉快转移给下一个客人呢？这时就需要学会掌控情绪，学会调整情绪。因为对于客人，这个服务人员永远是他的第一个。

在会议服务的过程中，遇到突发的事件时，情绪紧张是无法回避的正常现象，这是所有的会议服务从业者都必须经历的冲突和挫折，有的人在冲突和挫折中成长起来。遇到这样的问题，我们可以自己进行调整，以最好的状态来迎接每一次的"预料之外"。

（二）积极进取的良好心态

服务人员在自己的工作岗位上，需要不断地去强化自己，培养自己不服输的心态。遇到困难，遇到各种挫折都不能轻言放弃。在服务的过程中，总会遇到一些对于自己来说很艰巨的问题，需要我们有一个积极进取的良好心态，要越挫越勇，永不言败。这些和团队本身的文化有很大关系。如果你的团队是一个积极向上的团队，项目经理又是一个责任感、使命感很强的人，员工在这个团队氛围当中，很多心里的不愉快都能得到化解。如果不是，那就要靠自己去化解。

（三）忍耐与宽容

忍耐与宽容是面对无理客户的法宝，是一种美德。你需要有包容心，要包容和理解客户。真正的客户服务是根据客户本人的喜好并在条件允许的情况下使客户满意。客户的性格不同，人生观、世界观、价值观也不同。即使这个客户在生活中不可能成为朋友，但在工作中他是你的客户，你甚至要比对待朋友还要友好地去对待他，因为这就是你的工作。要有很强的包容心，包容别人的一些无理要求，包容别人的一些小家子气。因为很多客户有的时候就是这样，斤斤计较、蛮不讲理、胡搅蛮缠，什么样的情况都会有。

四、品格素质要求

（一）不轻易承诺

在会议服务过程中，无论是与会者还是会议主办方都会对不了解、不明了的情况提出问题，并期待你的解决方法。对于服务人员，很希望能对问题一应俱全，但是随便地向客人承诺，会使工作造成被动。特别是承诺一些超出自己或酒店能力的事情，这样不仅容易让自己陷入麻烦的境况，也会让对方觉得我们不诚恳，甚至怀疑我们的合作态度。所以服务人员必须要注重自己的诺言，一旦答应，就要尽心尽力去做到。

（二）勇于承担责任

在会议服务中，出现问题是难免的，关键在于当问题出现后你的态度是逃避、推卸还是承担责任来获取谅解。一切的责任都需要通过你把它化解，这就叫勇于承担责任。

（三）强烈的集体荣誉感

会议服务强调的是团队精神，一个会议不可能由一个人来完成，需要的是一个服务团队，所以必须要有团队精神。什么是一支足球队的团队凝聚力？人们常说这个球队特别有团结精神，特别有凝聚力，是指什么？是指每一个球员在赛场上不是为自己进球，所做的一切都是为了全队获胜。而会议服务人员也是一样，你所做的一切，不是为表现自己，而是为了能让会议顺利地召开。这里谈到的就是团队集体荣誉感，这也是品格方面的要求。

五、其他综合素质要求

一个优秀的会议服务人员除了满足上述提到的要求外，在实际的工作中，还体现着如下的一些高素质：

1. 诚恳热情。热情、友好的言谈举止，关心、周到的服务行为，会使与会者产生一种温暖、愉快的感觉。

2. 讲究礼仪。会议接待是典型的社交礼仪活动，务必以礼待人，体现素养。讲究礼仪包括在仪表上面容整洁、衣着得体、和蔼可亲；在举止上稳重端庄、风度自然、从容大方；在言语上音调适度、语气温和、温文尔雅。

3. 细致周到。会议接待的内容具体而又烦琐，涉及许多方面，要按照领导的意图和会议的要求，精心组织、统筹协调、内外照应、有条不紊；通过服务，善始善终地保障会议按预定的计划顺利进行。

4. 按章办事。酒店的会议接待都有规章制度，应自觉地照章办事。对服务的标准，不得擅自提高或降低。

5. 确保安全。会议接待人员要严格遵守安全保卫工作的规章和工作规程，防止各类危害与会人员的事故发生。

6. 严格保密。遵守保密纪律，服务人员接触部分机要事务时，对会议内容、秘密文件、电文资料等不要过问，因工作需要必须过问的，要注意严格保密。

任务解决

要为公司撰写会议服务指南，首先要理解会议服务的内容和特点，只有深刻认识后，才能在撰写指南时，把握住整个撰写的基调。其次，要理解会议服务的一般规程，然后才能根据该公司的实际运营情况，撰写出该公司的具体会议服务范围。最后，应该在深知会议服务人员的行为素质后，为整个公司的团队做出完整的令人信服的介绍。

实训任务

打造你的会议服务团队

你即将成立一个会议服务公司，在筹备阶段，你需要为你的公司招兵买马，在这个阶段，你应该如何来组建你的会议服务团队？

任务分析：

会议服务团队的打造受很多因素的制约。所以首先要明确会议服务公司的性质和经营范围，要理解会议服务的一些基本常识，其次要根据会议服务岗位的性质，列出所招聘人员的能力需求等要求。

操作步骤：

1. 撰写××会议公司简介（包括公司的服务范围，服务流程）；
2. 写出会议服务岗位招聘人员的能力需求等要求。

项目内容小结

会议服务工作是会议活动中的重要组成部分，是会议正常进行和取得预期效果的重要保证。广义的会议服务包括了很多方面，如会议酒店、会议接机、策划、旅游、会场、租车、礼品。

狭义的会议服务是指在会议活动中，由主办方或承办方向与会者、参会者、客商以及观众所提供的各项服务，主要包括采访、接待、礼仪、交通、运输、后勤、旅游、文书、通信、金融、会场氛围营造等方面。

自我评估

参照会议服务人员的行为基本要求，分析自己还需从哪几个方面提高才能成为一个合格的会议服务人员。

案例精选

中国西部国际博览会战略定位

《中国西部国际博览会》发轫于西部大开发，始创于 2000 年 5 月，永久会址设在四川省成都市。西博会秉承"共办、共享、共赢"的办会理念，由国家发改委、商务部、外交部等 16 个部委、西部 12 省（区、市）和新疆生产建设兵团、博鳌亚洲论坛共同主办或支持，是四川省人民政府承办的国家级、国际性综合博览会，现已成功举办 15 届。经过长期发展，西博会已成为西部地区对外开放的重要窗口和最佳平台，是国家在西部地区重要的投资促进、贸易合作和外交服务平台，是西部地区实现西部合作、东西合作、中外合作的重要载体。2014 年，西博会被纳入国家机制性大型涉外论坛和展会举办方案。2015 年 3 月，西博会被纳入国家"一带一路"战略政府白皮书，成为推动"一带一路"建设的全国十大重点展会之一。

积极服务投资促进，筑基经济发展。围绕服务国家西部大开发，坚持突出西部特色、突出国际化、突出经贸成果、突出投资促进。前 15 届西博会，共签订投资合作协议 1 万余份，签约投资额 5.22 万亿元。

着力深化贸易合作，实现互利共赢。第 1～第 15 届西博会，累计境外参展参会国家（地区）914 个次，展览面积 160.4 万平方米，参展企业 4.68 万家，参展参会嘉宾 34.4 万人次，其中境外嘉宾 9.5 万人次，贸易成交 1.25 万亿元。

推动高层外交互动，增进国际交流。李克强、王岐山、汪洋、马凯、吴邦国、温家宝等党和国家领导人，以及 30 多位外国政要、500 多位部长级官员和重要国际组织负责人曾分别出席过前 15 届西博会。

第十五届西博会于 2014 年 10 月 23 至 11 月 3 日在成都举办，法国为本届西博会的主宾国。展览总面积 24 万平方米，首次分两段举办，美国、德国等 14 个国家专门设置了国家馆。国务院副总理马凯出席并发表演讲。据统计，来自全球 98 个国家和地区的 6 万余名境内外嘉宾参会，其中境外部长级官员 48 人、驻华使节 53 人、国际组织官员 15 人、国内省部级领导 32 人；境外重要嘉宾代表团 40 余个，国内政府代表团 52 个。与会境外嘉宾逾 2 万人。主展场观众流量逾 55 万人次。共签约投资项目 1067 个，投资签约额 8050.9 亿元人民币。

会议筹备阶段的会务服务

了解会议计划的制作；熟悉各种会议文件的格式和写作方法；掌握不同性质会议的选址和会场布置方法。

A公司总经理让新来不久的秘书小黄安排一次部门经理会议，讨论公司新的营销方案，要求各部门正副经理参加。各部门事先做好相关准备，以多媒体的形式介绍本部门的创意和想法。小黄欣然接受任务，她把会议时间安排在周一上午八点半，地点在公司小会议室，并很快在公司网络办公平台上发出了通知。总经理看到通知，立即把小黄叫到办公室，对她发脾气："你这是干的什么事，安排时间、地点为什么不征求我的意见？为什么自己把通知发了？公司小会议室能坐得下二三十个人吗？你难道不知道小会议室没有投影设备？"一连串的问题把小黄问蒙了，不是总经理让她安排会议的吗？

回到办公室，小黄伤心地抹着眼泪。办公室主任陈大姐过来安慰她。问明情况后，陈大姐告诉她，安排一次会议可不是件简单的事情，会前有很多准备工作，要把会议的程序、议题、人员、场所以及其他一些细节认真地进行安排，安排好后还应写成会议方案，领导审阅通过后，才能进行具体的准备工作。

思考：有人觉得小黄很冤枉，就为这点小事挨了总经理的批评，你认为呢？你认为会议应该有哪些准备工作？案例中小黄的问题出在哪里，你认为应如何避免？

任务一 会前准备

一、会议文件的准备

（一）会议通知

会议通知是上级对下级、组织对成员或平行单位之间部署工作、传达事情或召开会议等所使用的应用文。会议通知是向与会者传递会议信息的载体，是会议组织者和与会者沟通的重要渠道。

会议通知有正式和非正式两种。正式通知属于公务文书，要按公务文书的要求书写，按公务程序处理；非正式通知，也称便条通知，它经常以便条形式出现，其载体或是纸质，或写在单位的公告栏内。不论哪种形式，都包括时间、地点、主题、参会人员等内容。时间最好能精确到分，地点应具体到哪个房间，怎么走，坐什么车可以到达等。会议通知最好将议题一一列举，对参会人员的要求也应准确。

（二）会议通知的书写格式

1. 标题：（发文机关）+事由+文种

由发文机关、事由和文种的类别及"会议通知"字样组成，一般不宜省略，特别是"会议"二字要标明，以区别其他类型的通知。

2. 主送机关名称

会议通知的正文，开头是受文单位，顶格列出；其次是发文目的；再次是通知事项。会议通知的具体事项可分条陈述。

3. 正文

正文由以下几个部分组成。

（1）前言：开会目的。用"现就有关问题通知如下"过渡。

（2）主题：具体事项，包括会议的时间和地点、主要议题、出席对象及出席者要求携带的材料、联系方式等。

（3）结尾：提出要求。常用"特此通知"等惯用语（有时省略结尾）。

4. 落款发文机关、日期

会议通知的内容是会前受文单位需要准备的事项，会议的程序和内容不应列入，未列入的内容应在正文结束处用"将另行通知"字样交代清楚。如有《登记表》《名额分配表》之类的附件材料，也应在正文中有所交代，附在通知后面。会议通知的形式分为文件式会议通知和备忘录式会议通知。

（三）开幕词、闭幕词

1. 开幕词

（1）开幕词的概念和特点。开幕词是党政机关、社会主体、企事业单位的领导人在会议开幕时所做的讲话，旨在阐明会议的指导思想、宗旨、重要意义，向与会者提出开好会议的中心任务和要求。其主要特点是宣告性和引导性。不论召开什么重要会议，或者开展什么重要活动，按照惯例，一般都要由主持人或主要领导人致开幕词，这是一个必不可少的程序，它标志着会议或活动的正式开始，对引导会议或活动朝着既定的正确方向顺利进行，保证会议或活动的圆满成功，有着重要的意义。

（2）开幕词的写法。开幕词常由标题、称谓、正文三部分组成。

2. 闭幕词

（1）闭幕词的概念和特点。闭幕词是在大型会议或者重要会议即将结束时有关领导人对大会的议程及会议中解决的问题所做的带有评价性、总结性的讲话，其主要特点是总结性和评价性。其一，对大会基本内容和主要精神进行肯定和强调，并鼓励与会人员会后进一步贯彻落实大会精神，并提出今后任务，指明前进方面；其二，宣布会议闭幕，与开幕词前呼后应，保持大会的完整性。

（2）闭幕词的写法。闭幕词与开幕词写法大体一致，由标题和正文两大部分构成。

（四）讲话稿

1. 讲话稿的概念和特点

讲话稿有广义和狭义之分。广义的讲话稿是指人们在特定的场合发表讲话的文稿；狭义的讲话稿是指领导讲话稿，是各级领导在各种会议上发表带有宣传、指示、总结性讲话的文稿。

讲话稿的内容是由会议主题和讲话者身份来决定的，具有针对性的特点。工作人员在草拟讲话稿之前，必须了解会议的主题、性质、议题、讲话的场合、背景，领导者的提示、要求、听众的身份、背景情况、心理需求和接受习惯等。另外，与开闭幕词相似，讲话稿中的领导讲话要具有现场性，因此撰写领导讲话时必须提前考虑和把握现场气氛和场合，篇幅不要过长，语言既要准确、简洁，又要通俗、生动。

2. 讲话稿的写法

讲话稿一般由标题和正文两部分组成。具体格式和写法如下：

标题（单标题和双标题两种写法）

（×××省长在全省教育工作会议上的讲话）

称谓：根据与会人员的情况和会议性质来确定适当的称谓，要求庄重、得体。

开头：概述讲话内容，说明讲话的缘由或所要讲的内容重点。

主体：概述会议的内容和发表讲话的目的，可以重点阐述如何领会文件、指示、会议精神；可以通过分析形势和明确任务，提出搞好工作的几个意见；可以结合本单位情况，提出贯彻上级指示的意见；可以对前面其他领导人的讲话做补充讲话；也可以围绕会议的中心议题，结合自己的分管工作谈几点看法；等等。

结尾：总结全篇、照应开头、发出号召，或者征询对话内容的意见或建议。

（五）其他会议文件

除会议通知外，秘书人员还要准备的会议文件有：

1. 供与会议者查阅的会议须知、日程安排、服务指南、分组名单、住宿名单等；

2. 会议姓名卡片和证件（可以分为代表证、列席证、工作证、记者证、贵宾证等）；

3. 供代表发言、交流用的典型经验材料、学术论文、各种讨论稿等；

4. 供信息发布用的简报、新闻通稿等。

会议文件尽可能在会前准备好，会议代表一到会就发到他们手中。会议期间有时会根据会议需要随时印刷文件，相关的打印设备也应事先准备好。

二、会议服务前期准备

（一）会议相关信息搜集和准备

1. 充分收集与会者的情况

这是有针对性地做好会议接待工作的必要前提。收集参会对象信息的内容包括：

（1）与会者的基本情况

与会者的基本情况包括他们的国别、地区、所代表的组织机构、参加人数、姓名、性别、年龄、身份、职务、民族、宗教信仰、生活习俗、健康状况等。

（2）参会的目的、意图和背景

参会目的、意图，决定与会者在会议期间的立场和态度。主办方应该通过各种途径了解和掌握与会者的目的、意图及其背景，便于有针对性地做好接待工作。比如了解和掌握与会者过去参会的情况，是第一次参加还是历次都参加，过去不参加或中途退出是何原因。这一次为何参加，现在的立场如何，对哪些问题感兴趣，在接待方面曾经提出什么要求和希望等。

（3）抵离时间和交通工具

要准确掌握与会者抵达和返离的具体时间和交通工具，以便安排人和车辆到机场、码头、车站迎接和送别。

2. 获取与会者信息的途径和方法

（1）汇总回执、报名表和申请表

汇总回执、报名表和申请表是了解和掌握与会者情况的主要途径和方法，据此可以了解与会者的职业、身份、职务、性别、年龄、民族等基本信息，预计参加人数，掌握与会者的组成结构和分布情况等信息。这些信息和数据对于做好接待工作具有十分重要的价值。

（2）查阅历次会议活动的档案资料

历次会议活动的档案资料中保存了会议接待方面的记录，这对于掌握与会者的基本信息，了解其立场观点态度的变化，以及其生活起居的特点有一定的参考价值。

（3）请有关部门提供情况

为了全面了解对象的情况，不妨请有关部门协助提供一些情况。比如举办国际性会议活动，可通过外国驻华使领馆了解与会国国旗悬挂的规则、特殊的礼仪与礼节等。

（4）要求与会者出示有效证件

一些重要的会议活动，应当请与会者出示有效证件和盖有公章的介绍证明信函，以便确认其身份，做好接待工作。

（二）拟订会议接待方案

对于重要的会议接待、酒店会务和其他会议工作机构应当事先制订接待方案，或作为会议策划方案或预案的有机组成部分。接待方案批准后，即成为会议接待工作的依据。

1. 确定接待方针

确定接待方针，即会议接待工作的总原则和指导思想。接待方针应当根据会议目标和会议领导管理机构对接待工作的要求以及与会者的具体情况确定。

2. 确定接待规格

接待规格实际上是与会者所受到的待遇，体现主办者对与会者的重视和欢迎的程度。接待规格主要表现在以下几个方面：

（1）迎接、宴请、看望、陪同、送别与会者时，主办方出面的人员的身份。这具体可分为三种情况：一是高规格接待，即主办方出面人员的身份高于与会者，以体现对会议活动的重视和对与会者的尊重；二是对等规格接待，即主办方出面人员的身份与与会者大体相等；三是低规格接待，即主办方出面的人员的身份比与会者低。

（2）会议活动过程中主办方安排宴请、参观、访问、游览、娱乐活动的次数、规模和隆重程度。活动次数越多、规模越大、场面越隆重，说明规格越高；反之则低。

（3）主办方确定的与会者的食宿标准。食宿标准越高则价格越高；反之则低。接待规格要依据会议活动的目标、任务、性质、接待方针并综合考虑与会者的身份、地位、影响，以及宾主双方的关系等实际因素来确定，确定接待规格要适当。涉外接待的规格应严格按有关外事接待的规定执行。

3. 确定接待内容

会议接待的内容包括接站、食宿安排、宴请、看望、翻译服务、观看电影和文艺演出、参观游览、联欢娱乐、返程送别等方面。接待内容的安排应当服从于整个会议活动的大局，并有利于与会者的休息、调整，使会议活动有张有弛，节奏合理，同时能够为会议活动创造轻松、和谐的气氛。

4. 确定接待日程

接待日程安排应当同会议活动日程的整体安排通盘考虑，并在会议日程表中反映出来，便于参与对象了解和掌握。

5. 分配接待责任

接待责任是指会议活动中各项接待工作的责任部门人员的具体职责。接待责任必须分解并且落实到人，必要时建立专门的工作小组。如大型会议活动可设置报到组、观光组、票务组等工作小组，分别负责与会者的接站、报到、签到、观光旅游、返离时的票务联系等工作。

6. 协调接待经费

会议的接待经费的构成部分，主要是安排与会者的食宿和交通的费用，有时也包含安排参观、游览、观看文艺演出等的支出，涉外会议活动还包括少量的礼品费。会议接待方案应当对接待经费的来源和支出做出具体说明。

（三）落实接待事项

1. 培训接待人员

会议接待的对象往往是多方面的，对象不同，接待的要求也不同，因此会议接待工作人员要根据具体的接待对象学习和掌握相关的接待知识，必要时对接待工作人员尤其是志愿前来参加接待工作的人员进行培训，使他们熟悉接待对象的基本情况、特点，以便有针对性地做好接待工作。

2. 安排食宿

会议活动开始前，要根据已经获得的与会者的信息、经费预算标准以及与会者的特殊要求，安排好就餐、预订好房间。如果安排宴请，要事先根据接待规格和人数，确定宴席的标准、地点和席数。

3. 准备接待礼物

举行涉外会议活动时，常常要赠送一些礼物给与会者。准备礼物应注意：

（1）世界上很多国家对接受礼品的数量和价值有法律规定，因此，赠送给客人的礼物必须符合低值、小额的规定，否则等于白送。

（2）力求体现民族特色和地方特色，或者体现主办者的形象，具有纪念意义和象征意义。

（3）尊重客人的习俗和爱好。

4. 落实交通工具

会议接待部门要配备一定数量的轿车、客车。此外，可同信誉良好的出租公司签订用车合同，保证会议接待用车。对所配备的车辆进行安全检查，对司机进行安全行车和外事纪律的教育。

5. 布置安全保卫工作

对有重要领导人或重要外宾参加的会议活动，应同安全保卫部门联系，做好警卫工作。

6. 选派翻译和陪同人员

涉外会议活动或有少数民族代表参加的会议活动，要选派外语翻译人员或少数民族语言翻译人员。外语翻译人员应当根据会议的工作语言选派。翻译人员应当政治上可靠，业务上过硬。

会议活动中如安排参观、考察、游览活动的，要选派身份合适的人员陪同。专业性较强的参观考察，应当选派既懂业务又有身份的人员进行陪同。

7. 准备接待物品

在接站和与会者报到时，要树立醒目的接待标志，如"××会议接待处""××会议报到处"等。同时，要准备好桌、椅、登记表、笔等参加对象报到时的必需用品以及车辆、通信工具等。

8. 落实相关事宜

联系落实参观、游览、文艺演出、娱乐活动的项目、时间、地点以及相关事宜。

（四）会议邀请

1. 信息发布

（1）从媒体上分，有印刷品（包括邀请函、组织文件、会议通知）、电子邮件、印刷媒介公告、电子媒介公告等几种形式。

（2）设计回执单。应当包括如下信息——明确人数、职务、性别、联系方式、预计到达目的地时间、迎送要求等。

（3）通常信息发布包括主题、时间、地点（暂定或者候选）、主要议程及安排、费用及标准等，有些还附送会议（展览）策划书，可以让与会者了解参加的意义及对会展的期望。

2. 回执

（1）回执收到后，需要统计、确认回执有效（通常以会务费用是否缴纳为标志），接下来需要做的是资源分配——主要是会务与酒店住宿的安排，回执确认即确认通知可以在这一切完成后发出。

（2）回执可以有多种形式——传真、信函、电子邮件、网络回执或者电话均可。回执需要注意的是，如果允许，应该考虑到参与者的特殊要求，譬如家属、随行人员、保健要求、交通代理、饮食习惯、住宿要求等，如果回执清楚，那么对会议的有序安排会起到很大帮助。

（3）确认通知——如果会务费用确认或者有其他方式可以确认，可以发出确认通知。同时发出的应该还有会议的确切地点、时间、议程、签到程序及会议注意事项等。

任务二　选择、布置会议场所

一、会场选择

（一）营销部下单

首先明确会务部是会议服务者，营销部是业务直接上级，所有的会议应由营销部下单，会务部必须认真阅读《会议预定通知单》，了解会议主办部门、会议人数（主席团人数）、日期、时间、地点、场形、设备、花木、会标、宣传标语等，以及会议具体要求、是否有路标指引、是否有客人的特殊要求等。主管要及时与会务方、营销部取得互动，对他们做出的变更及时调整服务，不能自作主张。

（二）会场推荐选择

实践证明，会场诸多方面如条件的好坏、舒适程序的高低，对于参会人员的心理上有着不可忽视的作用。会场条件好，服务质量优，与会人员就心情愉快、精力集中，反之则会差一些，在一定程度上影响到会议的效果，可见，会场的选择与布置是有一定科学性的。

1. 会场大小适中

会场太大，会显得松散；会场过小，会显得挤迫。会场与参会人数之间的关系要协调，参会人数不得少于会场可容人数的70%，不得多于会场可容人数的10%。要使与会者的座位之间有一定的空隙，使人可以从容出入。会场中要留有过道，便于与会人员与服务人员出入。现在有一种活动挡板，可以根据需要将一个会议室分隔成两个或几个会议室，人多则大、人少则小，方便好用，可以收到一室多用之功效。

2. 会场的附属设施、设备齐全

对于大型公开性会议或各种专业研讨会等，会议各种设施和用品的准备工作是很重要的。会议设施欠缺、布置不合理或使用不方便，都会分散与会者精力，使之不能很好地专注于会议，严重影响会议进程。概括来说，会场设施和各种会议用品主要有以下几方面的作用：

（1）创造舒适和安全的环境

如桌椅、照明灯具、空调、安全通道、消防设施、车辆等能使会议的环境舒适、安全，从而提高会议的效率。

（2）克服语言交流障碍

如翻译机、同声翻译系统等，可以使不同的语言在同时同地实现无障碍交流。

（3）记录和传递会议信息

如纸、笔、摄影机、录音笔等基本的用品。扩音机、幻灯机、投影仪等设备可以提高会议信息的听觉和视觉表达效果。

（4）营造会议气氛

如标语、口号、旗帜、桌布、桌牌、花卉、音乐等，对会场气氛起着不可小觑的作用。

（5）提供会议服务

如茶水、矿泉水、饮料等和相应的杯具、茶具，如果在会议过程中安排茶歇，还应安排水果、茶点、咖啡等。

（6）使高技术会议成为现实

如电话会议、电视电话会议、计算机网络会议、技术培训会议等离不开电话机、电视机、计算机和相应的网络设备。

3. 会场设施与会议用品的准备要求

（1）会前制订计划

会务工作机构或会务工作人员应在会前根据会议需要制订详细的有关物品和设备的使用计划，作为会议预案的附件，报请会议的领导机构审定。计划内容应包括：

①所需物品和设备的清单，包括名称、型号、数量；

②物品和设备的来源，如租借、调用、采购等；

③所需的费用。

（2）落实专人负责

会议物品和设备的准备、安装、调试和使用是一项责任性和技术性都很强的工作，准备是否充分，安装调试是否到位，对会议能否顺利进行影响甚大，不能有半点差错。因此，一定要落实专人负责此项工作，必要时应配备一定数量的技术人员。

（3）提前准备到位

会议用品应当在会前准备妥当，分发到位；有关设备和设施应在会前完成安装、调试工作。

（4）实用节约

实用和节约是准备会议物品和设备的重要原则。要严格按照会议的经费预算执行，提倡节约型会议，反对追求豪华、奢侈。

二、会场布置

（一）会场布置的一般要求

会场布置要有利于突出会议主题、烘托会议气氛、调节与会者的情绪、提高会议效率等。不同会议对于会场有不同的需求，如政治性会议要求严肃、庄重；学术性会议则要求气氛和谐宽松，易于交流；单位内部会议紧凑、高效；涉外会议则要考虑既有中国特色，又符合宾主习惯、爱好和禁忌。进行会场布置时，应尽可能与会议的内容与要求一致。

（二）小型会议会场布置

小型会议，一般指参加者较少，规模不大的会议。它的主要特征是全体与会者均应排座，不设立专用的主席台。其排座目前主要有自由择座、面门设座和依景设座三种具体形式。排座形式主要是根据会议的性质、目的、参加人数来确定。

会议座次排定的方法主要有以下几种：

一是环绕式。所谓环绕式就是不设立主席台，把座椅、沙发、茶几摆放在会场的四周，不明确座次的具体尊卑，听任与会者在入场后的自由就座。这种安排座次的方式，在茶话会中最流行，与茶话会的主题最相符。

二是散座式。散座式排位，常见于在室外举行的茶话会，它的座椅、沙发、茶几等家具设备四处自由组合，貌似散乱无序，甚至可由与会者根据个人要求而随意安置，其目的就是要创造出一种宽松、舒适、惬意的会议环境。

三是圆桌式。圆桌式排位，指的是在会场上摆放圆桌，请与会者在周围自由就座。圆桌式排位又分以下两种形式：一是适合人数较少的，仅在会场中央安放一张大型的椭圆形会议桌，而请全体与会者在周围就座。二是会场上安放数张圆桌，请与会者自由组合，各自在其周围就座。当与会者人数较少时，可采用前者。而当与会者人数较多时，则应采用后者。

四是主席式。这种排位是指在会场上，主持人、主人和主宾客被有意识地安排在一起就座。在会上，主席式排位要在会场上摆放一目了然的主席台，按照常规，居于上座之处，例如，中央、前排、会标之下或是面对正门之处。

举行正式会议时，通常应事先排定与会者，尤其是重要身份者的具体座次。越是重要的会议，它的座次排定就越受到社会各界的关注。对有关会场排座的礼仪规范，会务工作人员不但需要了解，而且必须认真遵守。在实际操办会议时，由于会议的具体规模有所不同，因此其具体座次排定也会存在一定的差异。

（三）大型会议会场布置

大型会议是指与会者众多、规模较大的会议。其最大特点是会场上应分设主席台与听众席，前者必须认真排座，后者的座次则可排可不排。

1. 主席台排座

大型会场的主席台一般应面对会场主入口。在主席台上就座之人，通常应与在众听席上就座之人呈面对面之势。按主席台就座人数，用长条桌，呈横一字形排列，第一排桌不超过沿幕为限。台前沿摆上盆花装饰，台口的后侧摆常青树。在台口沿幕上悬挂大会会标，有些国内会议或国际会议，台后的大幕前还要挂会徽并竖与会国国旗（按参加国国名第一个英文字母排序）。在其每一名成员面前的桌上，均应放置双向的名签。

主席台排座根据实际情况具体可分为主席团座席、主持人座席、发言人席位等三个不同区域。第一，主席团排座。主席团是指在主席台上正式就座的全体人员。国内目前排定主席团位次的基本规则有三：一是前排高于后排，二是中央高于两侧，三是左侧高于右侧。具体来讲，主席团的排座又有单数和双数排座两种礼仪模式。第二，主持人座席，按其身份高低安排，位于主席台的左侧，双方共同主持的会议采取交叉间隔排列的方法。第三，发言人座席，一般位于主席台的后排，按职务高低排列。主席台的座位安排时应注意：

（1）身份最高的领导人（有时可以是声望较高的来宾）安排在主席台前排中央就座。

（2）其他人员按先左后右（以主席台的朝向为准），一左一右的顺序排列。

（3）主席台就座的人数为偶数时，前两位领导人共同居中就座，第一位领导人坐在第二位领导人的左侧。

以上座次安排一般适用于国内正式会议，而在商务会议、涉外会议中则强调以右为尊的原则。

2. 大型会议布置的要求

（1）会场座次格局的类型。包括上下相对式、全围式、半围式、分散式、并列式等。

（2）座次排列的要求。按职务高低排序、按姓氏笔画排列、按上级批复或任命通知中的名单次序排列、按各单位名称笔画排列。

（3）座位标识。座位排列好后，还应该做好座次的标识。会场标识包括：座位号标识、团组标识、席卡、桌次、指示牌、座次图等。

（4）会场装饰。会标、会徽、标语、花卉、灯光等。

（5）会场必要的视听设备。现代会议中经常会用到视听辅助设备以增强会议效果，让听众更好地接收会议信息。现代视听设备由于能将复杂不易理解的信息展示给观众，同时也能将一些照片、声像资料带到现场，增强会议效果，因此已经成为现代会议不可缺少的辅助工具。秘书人员要熟悉和掌握这些设备的使用方法、操作技巧。

任务解决

了解会议准备阶段的基本内容和工作程序。

熟悉各种会场的特点。

掌握会议预算的内容和编写要求。

实训任务

会议前的准备

由中国企业联合会和企业家协会主办、广科文化传播有限公司协办的"优秀企业成功经验高层研讨会"，将于20××年5月20日在广东省珠海市举行，会期4天。会议将邀请美国通用电气公司、摩托罗拉公司、海尔公司的高层领导参加，同时将邀请一些知名企业的董事长、总经理、高级管理人员以及一些知名专家和学者出席会议，共同探讨"企业管理本质、新经济与企业战略"等共同关注的议题，还将分享海尔文化与管理理念。

会议期间还将组织参观考察珠海南屏工业园区，详细了解威丝曼、珠光汽车等公司的车间管理、工作管理、资本管理、资源管理、市场管理、文化管理、物流管理、领导行为管理、员工班级管理等经验。

要求：

1. 撰写一份正式的会议通知，并为出席会议的嘉宾设计邀请函。

2. 以主管领导的名义撰写一篇会议的开幕词。

3. 请你提出会场布置的方案，完成会议主席台的设计图。

4. 为与会代表设计代表证，要求美观大方并能体现出本次会议的特点。

项目内容小结

会议前的策划与准备是保证会议顺利进行的基础。会务人员应该尽可能对会议的全过程进行周密计划，写好策划案，做好各项准备工作。特别是对一些可能出现的意外状况，要考虑周全，并做好相应的物质和心理准备。

自我评估

1. 会议签到应注意哪些事项？
2. 会议文件的发放方式有哪些？
3. 接待方案应包含哪些内容？
4. 如何接待参会的特殊人员？

案例精选

会议准备：2016 年 12 月 5 日《博鳌亚洲论坛》官网信息

博鳌亚洲论坛 2017 年年会：《亚洲新挑战：以合作促发展、以合作谋安全》

议程安排草案，以 2017 年 3 月 23 日为例。

2017 年 3 月 23 日（星期四）07：00~22：00 注册（培兰桥注册中心）

10：30~11：45 博鳌亚洲论坛 2017 年会新闻发布会暨博鳌亚洲论坛学术发布会

议题：

博鳌亚洲论坛 2017 年年会。

博鳌亚洲论坛三大学术报告：论坛定位于亚洲和新兴经济体，以推动亚洲区域合作为宗旨。《亚洲经济一体化报告》《新兴经济体报告》《亚洲竞争力报告》是论坛最重要的三大学术报告，将重点发布亚洲一体化进展、以 E11 为代表的新兴经济体状况、亚洲国家竞争力排名等。

《互联网金融报告》：论坛年度发布的互联网金融行业报告。

发言人：

博鳌亚洲论坛秘书长周文重

对外经济贸易大学副校长林桂军

中国社科院世界经济与政治研究所所长张宇燕

中国国际经济交流中心信息部部长王军

中国投资公司原副总经理、清华大学五道口金融学院教授谢平

12：00~13：00 午餐会（BFA 大酒店一层怡景西餐厅）

13：30~14：45 分论坛《金融科技（FinTech）：科技，还是金融》

议题：

以 P2P、众筹为代表的互联网金融告别野蛮生长，进入强监管时代。在此背景下，FinTech（金融科技）概念的兴起意味着什么？是互联网金融 2.0，还是简单的概念转换。

科技，能够解决传统金融的哪些痛点？

FinTech 企业的核心竞争力是什么？

数字普惠：FinTech 能否缓解中小企业"融资难、融资贵"？科技的力量能使金融的平民化成为现实吗？

监管：创新的原则与边界

讨论嘉宾：

中国招商银行前行长马蔚华

FundingSocieties 联合创始人 KelvinTEO

13：30~14：45 分论坛《未来的教育》

议题：

出于对教育现状的不满，众多机构和人士尝试对教育理念和模式进行改革。他们看到了现有教育的哪些弊端？他们倡导或尝试的创新和改革有哪些新意？

讨论嘉宾：

沃顿商学院院长 GeoffreyGARRETT-

14：45~15：15 茶歇

15：~16：30 分论坛《亚洲金融风暴：20 年后的再思考》

议题：

2014 年下半年起，受美联储退出量宽和加息预期影响，包括泰国、马来西亚、印度尼西亚在内的新兴市场面临资本外流、货币贬值等冲击，甚至有人预言，亚洲金融风暴将再次重演。然而，危机并没有重演。这 20 年间，亚洲从那次风暴中汲取了哪些教训，才得以躲过此劫？还有哪些教训应该但没有汲取？

主持人：

澳新银行新南威尔士董事长 WarwickSMITH

15：15~16：30 分论坛《工匠精神：把"制造"做到极致》

议题：

瑞士、德国、日本制造业精雕细刻、精益求精的工匠精神，在号称"世界工厂"的中国不是没有，但严重缺失。究其根本，反映了心态、制度、文化和经济的哪些问题？

德式、日式"工匠精神"各有什么样的特点？

职业教育：工匠是怎样养成的？

工匠精神的中国传统与现实挑战

讨论嘉宾：

长江商学院院长项兵

16：30~17：00 茶歇

16：30~18：30 民营企业圆桌《民间投资持续低迷：怎么看、怎么办》（国际会议中心一层孔雀 1 厅）

17：00~18：15 分论坛《什么成就了硅谷》

议题：

硅谷何以长盛不衰？硅谷是可以复制的吗？

中美创新模式的对比——探索适合中国的创新路径。

主持人：

美国畅销书作者、aNewDomain.net 联合创始人 GinaSmith

17：00~18：15 分论坛《"资本寒冬"来了吗》

议题：

2015 年下半年起，资本驱动、经历数年井喷式发展的"互联网+"遭遇所谓"资本寒冬"。在全球流动性充裕甚至泛滥的大背景下，"资本寒冬"又是从何谈起？

寒冬真的存在，还是市场自净和资本回归理性？对互联网行业的基本趋势和基本面会有影响吗？

O2O 怎么了？

能够真正穿越资本寒冬和经济低谷期的细分领域有哪些？什么样的公司、创始人和团队更受欢迎？

讨论嘉宾：

携程 CEO 孙洁

回家吃饭创始人、CEO 唐万里

17：00~18：00 博鳌亚洲论坛咨询委员会会议（东屿岛大酒店和声厅）

18：30~19：30 博鳌亚洲论坛会员和合作伙伴欢迎晚宴（BFA 大酒店池畔烧烤餐厅，户外西区泳池）（仅限会员与合作伙伴）

18：30~19：30 自助晚餐（大酒店一层怡景西餐厅）

19：45~21：15 青年领袖圆桌

资料来源：《博鳌亚洲论坛》http：//www.boaoforum.org

项目五 会议进行阶段的会务服务

　　能够做好会议的接站、报到、签到、引导工作；能在会场服务中保持会场内外的联络；做好会议记录，提供满意的会场茶水服务和茶歇服务，以及会场保洁、安保等事务性工作和应对开会期间的临时性和突发性事故。为会议的顺利进行提供餐饮、旅游、交通、陪同、娱乐等生活服务工作。

任务导入 »

　　某公司要举办15周年庆祝会，邀请了5市领导和新老客户以及各界朋友参加。主办方负责人李丽第一次全面负责整个会议的会务工作，对此她心里还有一些胆怯，担心自己的疏漏对会议工作有不好的影响。会议明天就开始了，李丽坐下来重新梳理了一遍整个会议期间要做的工作。

　　如果你是李丽，你将梳理出会场服务中要做哪些工作呢?

任务一　会议报到与引导服务

　　做好会议的接站、报到、签到、引导工作对会议的顺利进行起着很重要的作用。接站是跨地区、全国性和国际性会议活动的第一道环节。报到是会议秘书部门掌握与会人员确切到会情况并实施组织的重要一环。签到能保证会议按时召开并顺利进行，能够准确统计到会人数，掌握与会人员情况。引导有利于会场内外正常秩序的建立。所以会务服务人员对这些看似简单的工作应给予高度重视。

一、会议接站

会议接站工作是指会议服务工作人员到车站、码头、机场等与会者抵达会议目的地的第一站迎接与会者的工作。接站是跨地区、全国性和国际性会议活动接待工作的第一项活动，也是会务工作人员向与会者直接提供会议服务的开始，在与会者心目中往往会留下深刻的印象，是树立第一印象的关键环节。会议服务人员要格外重视这个环节的工作，使与会者在刚刚抵达本地时就得到及时、热情、友好的接待，为会务工作开个好头。会议接站同一般接待活动的接站在许多方面具有共同之处，接待对象人多面广，环境复杂多变，因此要特别注意以下几点。

1. 确定迎接规格

重要领导或外宾前来参加会议，要事先确定迎接的规格，主办方应当派有一定身份的人士准备鲜花等迎接物品前往机场、车站、码头迎接。一般与会人员的接站工作由工作人员完成即可。

2. 做好接站准备

接到会议领导部门下达的接站任务后，要通过汇总回执、报名表以及打电话等渠道，尽快充分掌握接待与会人员的人数、身份，包括姓名、性别、年龄、职务、级别等，接洽安排好交通工具；对自备交通工具的外地与会人员，要弄清楚他们所乘飞机、火车、汽车或轮船等交通工具的班次、抵达日期和具体时间，及早安排接待人员、车辆，安全、按时接站。同时要做好各项生活服务准备工作，迎接与会人员的到来。

3. 准备接待标志

与会者集中抵达时，在接站处要有醒目的接站标志。可用牌子或横幅，上面要标明"××会议接待处"的字样，以便与会者辨识。接站现场较大、人员较杂时还要准备好便携式扩音器，启动接待标志加语音提示的接站模式。个别接站，接站人员可以手举上书"欢迎×××先生（女士）"的欢迎标志。

4. 掌握抵达情况

提前电话核实与会者抵达时间，工作人员提前半小时抵达接站地点，并与地接用车司机联系确认用车的车牌号和停放地点。随时了解航班、车次抵达有无变化，再次确认与会者抵达的准确时间，掌握并统计抵达的名单和人数，特别要留意晚点抵达的与会者，避免漏接现象发生。

5. 迎候与会者

与会者抵达时，工作人员应该认真查找与会者，主动询问核实相关事项，避免出现疏漏。第一次与与会者见面，迎接人员应迎上前做自我介绍，并主动与其握手以示欢迎。确认与会者抵达后，及时集中清点人数交接行李，通知交通车辆做好准备，引领与会者集合登车。

二、会议报到

一些会议要求与会者接到开会通知后，告知会务部门自己可以参加会议，即报名。这样，会务部门就可以为其做必要的准备工作，如制发证件、准备文件、排列座次、安排食宿和交通工具等，报名用电话、信函、传真、电子邮件均可。报名，只说明与会人员准备参加或可以参加会议，但可能还会因临时紧急公务或突发性事件而不能参加会议，所以还需要依靠履行报到手续，来确认参加会议人员、数量等信息。

一般来说，重要的大中型会议既要求报名，也需要报到，普通的会议只履行报到手续即可。由下级机关自定与会人员的会议，则必须报名，以便会议秘书部门早做准备工作。

会议报到是与会者从自己的工作单位或住地到达指定的开会地点时所办理的登记注册手续。报到是会务部门掌握与会人员准确到会情况并实施组织的重要一环。通常需要集中住宿的大中型会议就需要进行会议的报到环节，报到的过程同时也是组织会议的过程。

1. 会议报到的方式

与会者本人持会议通知或单位介绍信亲自报到；本单位与会人员代为报到，同一个单位参加同一会议人员较多采用这种方式，由一人代劳；秘书人员代劳；电话报到等报到方式。

2. 报到工作的程序

（1）查验证件。确认与会人员的资格，包括会议通知单、单位介绍信、身份证和其他有效证件。

（2）登记信息。协助与会者填写好会议报到登记表，及时掌握与会者到会的情况。

（3）接收材料。即由秘书人员统一收取与会人员带来的上交会议的材料和需要在会议上分发的材料。

（4）分发材料。将事先准备好的会议文件、用品、会议须知及住宿房间的钥匙、餐券等发放给与会者。

（5）预收费用。有些会议须由与会者支付一定费用，如会务费、食宿费、资料费等，在报到时要安排财会人员现场预收费用并开具收据或发票。

（6）安排食宿。根据与会者的身份和要求，在现有的条件下合理安排，尽可能满足与会者的需要。必要时引导与会者到房间，简单介绍情况并交代好会议的第一项议程的时间、地点。

（7）报告情况。在会议报到结束时，应向会议负责人报告有关情况，包括应到人数、实到人数、缺席人数以及原因。

三、会议签到

签到是为了及时了解应该到会的人是否都已到齐，并准确地统计出到会的实际人数。会期较长、具体活动较多、内容较重要、需要集中接待的会议活动，与会者除了办理报到手续外，还要在每一场会议活动的签到簿上签名，表明其参加了这一次会议。尤其是各级党代会和人代会，签到可以确切掌握出席人数是否达到法定的人数，这对于表决和选举结果是否有效将是至关重要的。

1. 会议签到的作用

（1）便于统计实到人数，以确定法定性会议的有效性。

（2）检查缺席情况，以便及时通知有关人员到会，或通知缺席对象另行补答。

（3）庆典仪式、纪念性和追悼性会议活动的签到簿可以珍藏，留作永久的纪念。

（4）与会者的亲笔签名是第一手签到记录，是其参加会议活动的书面证明，可为日后的查考提供历史凭据。在一些法定性会议上，签到还是一种法律行为。

2. 会议签到的方式

（1）簿式签到。就是与会者进入会场前，在会议秘书人员事先准备好的签到簿上签名，以示到会。有的还要同时写上自己所在单位、职务、通信地址、联系电话等项。签名应使用毛笔或钢笔。签到簿装帧精美，宜于保存，亲自签名还具有纪念意义，常常用于邀请性会议。会议活动规模较大、与会者较多并且集中到达时，可采取分头、分册签到的方法，以避免签到时拥挤的现象，影响会议活动按时进行。签到簿的封面或扉页上应当写明会议活动的名称、时间和地点，以便将来查考。

（2）表式签到。表式签到即采用格式规范的表格签到。规模较大、参加人数较多的会议活动，要多准备一些签到表，采取分头签到的方法，会议结束后，再装订成册。特别要避免用白纸或普通信笺签到，这样既不方便统计人数、检查缺席情况，也不利于将来查考。

（3）电子签到机签到。这是目前最先进的签到方式。即采用磁记录技术事先将与会者的代号记录在签到卡上，并将与会者的相关信息（姓名、性别、年龄、单位、职务、职称、代表性质、组别、代表证编号、座位号）事先输入签到机，签到者只需把签到卡插入电子签到机，签到机的识别头就能将磁信号转化为电信号，并经过签到机内单板机的转换，系统就会自动进行统计分析，在显示屏上显示出到会和缺席的情况等一系列数据。电子签到卡可以和代表证组合制作，使用更加方便。在国外，这种签到方式现已广泛应用于大中型会议。

（4）会议秘书人员代为签到。就是会议秘书人员事先准备好出席、列席该次会议人员的名单，来一位与会者，秘书人员就在他的姓名的打头字上用红笔画一个圈。缺席和请假人员也要使用规定的符号标出，如用"×"表示缺席，用"A"表示请假等。使用这个方法要有一个条件，就是秘书人员至少要认识大多数的与会者，否则会很麻烦。这种方法适用于单位内部的小型会议和工作例会。大型会议不适宜采用这种方法。

（5）签到卡签到。就是与会者进入会场前，交一张签有本人姓名的签到卡给会议秘书人员。签到卡是由会议秘书部门制发的，上有会议名称、日期和固定的号码。号码必须同与会人员名单（签到表或座次表）上的号码一致。秘书人员根据号码找出该与会者的姓名。并在姓名的打头字上画个圈，表示该与会者已到会。目前，国内绝大部分地区和部门召开的大中型会议，大多采用此种方式。

（6）名片签到。就是在会场入口处放一个名片盒，与会者入场时将自己的名片放入盒中，从而起到签到的作用。不过，这种方式有一定的局限，就是与会人员必须都有名片，而且随身还带有名片。

（7）座次表签到。会议工作人员按照会议模型，事先编制座次表，表上的每个座位按要求填上合适的与会人员姓名和座位号码，与会人员到会时，就在座次表上销号表示出席。印制座次表时，与会人员座次安排要有一定规律，如从×号到×号是某地区（部门）代表座位，将同一地区、同一部门的与会人员集中在一起，以便与会人员查找自己的座位号。采用此种方式，可使与会人员在签到的同时了解自己座位的排数和座号，起到引导座位的效果，节省了会议组织部门的时间。

3. 会议签到的要求

签到是一项重要的会务工作。签到工作要求做到：

（1）认真准备。就是要求会前要将有关签到工具、设备准备好。用簿式签到，要事前准备好签到簿；卡式签到，就要事先印制好签到卡；机器签到，则要准备好签到机。并要经过测试，避免到时出现故障。

（2）有序组织。就是签到的组织要有条不紊地进行。要事先安排好签到处，安排会务人员等候。如果签到时同时发放文件，特别要将有关材料装好袋，避免代表签到时等候，显得手忙脚乱。

（3）及时统计。就是要求组织签到时，要以最快的速度统计出到会人数和缺席人数，并在会议正式召开之前报告大会主席或会议主持人，以便使其根据签到结果，宣布会议是否达到法定人数，从而决定会议是否能够如期召开。

统计到会人数，是一项急促而又细致的工作。在不使用电子签到机的情况下，统计到会和缺席人名单，有两个办法：一是安排按号（座）的顺序整理签到单，很少的工作人员就可完成这一工作。但这种方法需等与会人员大部分到会后才能开始工作，在会前只能统计到会和缺席人数，不能很快提出缺席人的具体名单。二是把座次表全图印出来（上面有排号、座号、人名），一边接受签到，一边在座次表上销号。这样做，可以随时知道谁已到会，谁未到会，一目了然，可随时把到此时为止的到会和缺席人数及缺席者姓名上报。

（4）准确无误。即签到的结果必须以准确的数字体现，既不允许人数不符，也不允许出现"大约""左右"一类的模糊数字。

4. 报到与签到的联系与区别

报到与签到的联系。报到与签到都是指与会者到达会场时应办理的手续。会期较短的会议，一般只办理签到手续；会期较长，并且需要集中接待的会议，与会者不仅要签到，还要办理报到手续。

报到与签到的区别。报到是指与会者到达会议地点时办理的登记注册手续，但不表示每一项活动和会议都保证参加；签到则是与会者在每一项活动或会议的签到簿上签字，表示出席了此次会议或活动。

四、会议引导

引导是指会议活动期间会务工作人员为与会者指引会场、座位、展区、餐厅、住宿的房间以及指示与会者问询的路线、方向和具体位置的工作。引导虽然看似小事，但却能给与会者提供许多方便，使他们感到亲切，也有利于会场内外正常秩序的建立。

一般机关或部门的工作会议的与会对象、会议时间、会议场所都相对固定，与会者可按照既定的就座习惯入座；而那些大型的、重要的会议，通常都要求与会者按照安排好的区域和座位就座。

为能让与会者尽快入场就座，保持井然有序、安静祥和的会场氛围，会场工作人员应该提供必要的引路、引座服务。这些引导服务在主观上给与会者营造了受尊重、受照顾的良好心理感觉，其客观效果是能较快地把与会者带到相应的座位上去，同时还可以协助会场签到、保安等工作人员制止无关人员进入会场，扰乱会场的秩序，破坏会议的进程。

引导工作贯穿于整个会议期间，每一位会务工作人员都应当履行为与会者引导的义务。但在大型的或重要会议报到以及进入会场时应当派专人负责引导，这类专职引导人员常常称为礼仪人员。

负责引导的礼仪人员要统一着装，熟悉会场的布局以及各种配套设施的情况。大型会议活动的礼仪人员还要了解本地的交通、旅游、购物等情况，以备与会者随时咨询。国际性会议的礼仪人员还要掌握外语会话能力。

任务二　会场服务工作

会议服务工作中的重要一环是会场的服务。会场服务质量的好坏会直接影响每一位与会者，会直接影响到会议的每一个具体流程，最终影响到整个会议的进程和会议的质量。因此，会务组要高度重视会场服务工作，要协同主持人、会场服务人员、保安等工作人员共同搞好会场服务。会场服务工作是保证会议顺利进行并取得圆满成功的重要环节，工作内容很多，一般包括以下几个方面：

一、保持会场内外的联络

第一，保持会场内外的联络。会议进行中，与会者在会场里虽与外界隔开，但却不是与外界隔绝失去联系。会场工作人员有义务帮助他们进行一些必要的、紧急的会场内外的联系，为他们提供传递信息、交接物品、保管物品、交换文件资料等会间服务。如有关部门的紧急情况要转达与会者，传递信件、传真、接电话等。

第二，保持会议上下的沟通。在会议进行过程中，会务工作人员不但应及时收集、掌握会议的最新动态，随时把会议的进展情况、与会者的建议和要求向会议主持人汇报，而且还应该及时将主持人的安排意见及有关领导人的意图传达贯彻下去，保证上下沟通渠道畅通、信息传递交流及时，这也是会务工作人员应该注意做好的会间服务工作。

第三，筛选联络信息进行有选择的传递。对一般性的来访、寻人等情况，会务工作人员应予挡驾，避免与会者和会场受到干扰。会议在进行过程中，会务工作人员应妥善做好会间来电接听、记录、转达等工作。对于普通来电，可做好相关记录，待会间休息或适当的时候报告给领导或当事人。对于紧急电话，为保持会场安静不受干扰，可以写纸条或屏幕通知等方式迅速告知当事人，请当事人尽快离会处理问题。切不可采用广播通知或大声呼叫的方式，这会打断别人的发言和聆听，影响整个会议的进程和气氛。对会议进行过程中的来访者，如有急事，会务工作人员可请来人稍候，然后用递纸条的方式，告诉当事人自己来处理。

在内外联系、传递信息中，会务工作人员应该注意会议内容的保密，任何保密的会议内容不可泄露出去。休会期间应安排会场值班，避免闲杂人员进入会场引发意外。

二、做好会议记录

会议记录，是开会当场把会议的情况如发言人姓名、会上的报告内容、讨论的问题、与会者的发言、通过的决议等如实地记录下来的书面材料。

会议记录要求准确、真实、清楚、完整。记录人员应当有高度的政治责任心，以严肃认真的态度忠实记录发言人的原意，重要的意思应记原话，不得任意取舍增删。会议的主要情况，发言的主要内容和意见，必须记录完整，不得遗漏。记录字体力求清晰易认，不要过于潦草，不要使用自造的简称或文字。

会议记录在内容上一般分两个部分：第一部分，是记录会议的基本情况。主要有会议的名称、开会的时间、地点、出席人、列席人、主持人、记录人。这些内容要在宣布开会前写好。至于出席人的姓名，会议人数不多，可一一写上。会议人数多，可以只写他们的职务，如政府职能部门会议上的局长、副局长，学校会议上的各校正副校长、教导主任等；也可只写总人数。如是工作例会，可只写缺席人的名字和缺席原因。第二部分，是记录会议的内容。主要有主持人的发言、会议的报告或传达、与会者讨论发言、会议的决议等。

会议内容的记录分为摘要记录和详细记录两种。摘要记录：一般会议只要求有重点地、扼要地记录与会者的讲话和发言，以及决议，不必"有闻必录"。对一般性的例行会议，只需概括地记录讨论内容和决议的要点，不必记录详细过程。详细记录：对特别重要的会议或者特别重要的发言，要做详细记录。详细记录要求尽可能记下每个人发言的原话，不管重要与否，最好还能记下发言时的语气、动作表情及与会者的反应。如果发言者是照稿子念的，可以把稿子收作附件，并记下稿子之外的插话、补充解释的部分。需要详细记录的发言，可采取速记的方法。还可以先录音，会后再整理。

会议记录的技巧有四条：一快、二要、三省、四代。

一快，即书写运笔要快，记得快。字要写得小一些、轻一点，多写连笔字。要顺着肘、手的自然去势，斜一点写。二要，即择要而记。就记录一次会议来说，要围绕会议议题、会议主持人和主要领导同志发言的中心思想、与会者的不同意见或有争议的问题、结论性意见、决定或决议等做记录；就记录一个人的发言来说，要记其发言要点、主要论据和结论，论证过程可以不记；就记一句话来说，要记这句话的中心词，修饰语一般可以不记。要注意上下句子的连贯性、可信性，一篇好的记录应当独立成篇。三省，即在记录中正确使用省略法。如使用简称、简化词语和统称。省略词语和句子中的附加成分，比如"但是"只记"但"，省略较长的成语、俗语、熟悉的词组，句子的后半部分，画一曲线代替，省略引文，记下起止句或起止词即可，会后查补。四代，即用较为简便的写法代替复杂的写法。一可用姓代替全名；二可用笔画少易写的同音字代替笔画多难写的字；三可用一些数字和国际上通用的符号代替文字；四可用汉语拼音代替生词难字；五可用外语符号代替某些词汇；等等。但在整理和印发会议记录时，均应按规范要求办理。

会议记录的注意事项如下：

1. 做好会议记录准备工作

准备足够的钢笔、圆珠笔、铅笔、笔记本和记录用纸。备好录音设备来补充手工记录。定期召开的会议或保密会议一般不录音。另外还可选择笔记本电脑、电子记事本等工具来记录会议信息。要备有一份议程表和其他的相关资料和文件，需要核对相关数据和事实时随时使用。提前到达会场，了解与会人员的座位图，便于识别会议上的发言者。在利用录音设备的同时，必须手工记录，可以防止录音设备中途出故障。安排记录席位时要注意尽可能靠近主持人和发言人，或扩音设备旁，便于准确清晰地聆听他们的讲话内容。

2. 会间记录服务

会议记录是会议内容和过程的真实凭证。一份完整、简洁、条理清楚的会议记录可以作为今后回顾已讨论过的事务查阅参考的凭证。记录必须体现会议的实际进程、会议的主要情况、发言的主要内容和意见，不能有所遗漏。

倾听是记录人员从会议里吸收信息的主要渠道和方式，记录人员应该做到：（1）耳到心到。就是无论遇到自己感不感兴趣的话题，或者发言者对不对自己的口味，记录人员都必须调整好自己的心态，全身心投入聆听。（2）苦练坐功。记录人员要有正确的坐姿，在会议过程中尽可能自始至终正襟危坐。同时还要坐得住，不能轻易离席，随便进出会场，不然会中断记录内容，也不要频繁喝茶，因为这样容易打断记录思路。（3）排除干扰。记录人员的手机可设在静音振动状态，以备拨打接听与会议有关的电话，无关电话一律不接。若自己的邻座健谈，不断要与自己私下交谈，要设法婉拒，告知对方自己在专司记录，无暇交流。

3. 会议记录的重点

会议记录的重点包括：会议中心议题以及围绕中心议题展开的有关活动；会议讨论、争论的焦点及其各方的主要见解；权威人士或代表人物的言论；会议开始时的定调性言论和结束前的总结性言论；会议已议决的或议而未决的事项；对会议产生较大影响的其他言论或活动。

4. 会议记录的方法

根据需要，采取详记和略记相结合的方法。漏记之处，可当即做出记号，然后对照录音音频资料修改，必要时请发言者重复内容或对某一术语做出简要的解释。与会者提出的意见、建议，要把人名记录下来。

5. 会后整理完善

会议纪要内容的来源是会议记录。因此，会后及时整理好会议记录很重要。由于现场记录十分紧张、字迹不可能很清晰，而且每个人都有一套适合自己的现场记录法，有些常用术语，当场记录时往往简化了，不及时整理，隔时一久，有些问题就搞不清楚了。整理时，要把简化的语句尽可能补充完善，做到语言文字规范化，当然不能变动原意。

整理好的会议记录，一般都应存档。有些会议记录对会后的工作至关重要，对于这类会议应该迅速建立专门的档案，除会议记录外，与会者的名单、联系地址、会议的组织情况、下一步编印的会议纪要和其他有关资料也应视情况一并存档。

三、茶水服务

首先进行茶水服务的准备工作。准备茶杯：洗净双手，从消毒柜中取出已消过毒的茶杯，检查有无破损，杯面是否洁净明亮。摆放茶杯：会议室使用的茶杯，尽量配上杯碟，杯碟距茶几边缘约 5 厘米，茶杯的杯把一律向客人右手侧 45°。方茶几会议室摆放标准：杯碟距桌边 5 厘米。准备开水：在会议开始前准备足量的开水并维护好续烧开水的设备，以保证会议期间有足够的开水可以为与会者斟倒。

第一次斟倒茶水。一般要选择在会议开始前 5 分钟左右。斟倒顺序为从右边开始（领导先，顺时针进行），要从客人右边倒，主席台一定要从客人背后加水。茶水服务时要注意不要太满，以杯的八分满为宜。端放茶杯动作不要过高，更不要从客人肩部和头上越过，续水时不要把壶提得过高以免开水溅出。斟倒茶水后，要逐杯加以检查，检查时，可用手触摸一下杯子的外壁，如果是热的，表明已倒过水，如果是凉的，说明漏倒茶水了，要及时补倒。

第一次倒茶水后，及时补充开水并保持开水温度以便下次斟倒，告知客人每 20 分钟服务员会续一次茶水。如客人人多或喝得比较快，加茶水次数相应多些，时间间隔短些。会议进行中，在会议室服务的工作人员不应该随意走动发出声响，尽量保持安静不影响会议的正常进行。

续水一般在会议活动进行 15～20 分钟后进行。要随时观察会场用水情况，遇到天热时就要随时加水。续水时，左手提壶，右手的中指与无名指夹起杯盖，用大拇指和食指握住杯把一律从客人右侧将茶杯端起，侧身，腰略弯，水壶对准茶杯口，缓缓倒入杯中，然后把茶杯放回杯碟，盖上杯盖，茶水依然八分满。如不小心把水洒在桌上或茶几上，要及时用小毛巾擦去。在往高杯续水时，如果不便或没有把握一并将杯子和杯盖拿在右手上，可把杯盖翻放在桌上或茶几上，只是端起高杯来进行茶水服务。服务员在倒、续完水后要把杯盖盖上。注意，切不可把杯盖扣放在桌面或茶几上，这样既不卫生，也不礼貌。

如会议主办方提出会议期间，不许服务员进场干扰，则需在会议前将茶水台放入会场边角位，所有茶水壶冲满茶水，并告知负责人，如茶水剩下 1/4 壶左右，请联系服务员添加茶水。

会间茶水点心等的供应工作。会议期间如需要提供茶歇，应在茶歇时间前 15 分钟将咖啡及小食品水果等准备好，客人茶歇时做好服务。提供这些服务的形式可以灵活多样，既可以安排会场服务人员逐一分送到与会者座位上去，也可以把东西统一放置在某处，设置指示牌，以自助形式让与会者自行按需拿取。会间茶歇供应的内容不必追求品种的繁多，数量也应控制好，避免造成浪费。

四、其他会场服务工作

其他会场服务工作还包括：

1. 操作与维护会议设备

会议期间的灯光照明、音响、录音、录像、通风等设备，均需要安排专人负责开关、维护、保养。要确保会议进行中所有设备都能正常运作，还要全力配合会议进程的需要去控制、调节、管理好，为与会代表提供一个良好的会议环境，这样才能真正把会开好。会议休息期间，注意让设备也"休息"一下，否则长时间过度使用，既容易使设备受损，同时也会造成巨大的浪费。

2. 会场的清洁卫生工作

良好的会议环境能提供一个良好的会议氛围，让大家心情愉悦地把会开好，并给与会者留下美好而深刻的印象。会场的清洁工作一般由会议服务人员负责。在会议小休或午饭时，服务员应及时清理干净台面及地面，补充各种用品，换矿泉水、茶杯，但不能搬动客人台上的各种物品，如发现客人台上留下贵重物品（如手机、提包等），应马上告知会务，让该客人拿回以免遗失。每阶段散会后，会场服务人员应及时做好清洗消毒茶杯、整理桌面、打扫地面、通风换气等工作。

3. 处理临时事项

会议进行过程中，有些临时任务、应急措施需要会务工作人员协助完成。比如，调整会议议题、临时增加与会人员、有关领导同志有紧急文件需要转送有关部门、会外有紧急文件要呈送领导人批阅等。会务工作人员应当根据有关领导的指示和实际情况，采取相应措施，及时妥善地给予解决。

会议进程中，可能发生一些意想不到的临时变故或突发事变、突发事故等，会务工作人员应及时采取应急措施并向领导请示，按有关领导的指示，机智、果断地处置；必要时，协助会议主席（主持人）组织与会人员紧急撤离危险地带，妥善处理好突发事件带来的危机，减少对与会人员造成的伤害与财物的损失。

4. 会场保卫工作

依据会议的不同密级和级别，会场相应采取不同的保卫措施。一般的工作会议，会场保卫工作主要是保障会场秩序不受干扰，保护与会代表的人身安全和财物安全；而重大、重要会议的会场保卫工作，除了要确保与会代表的人身安全、财物安全外，还要严格监控会场及周围环境，保障会议的安全进行和会议内容不泄露。

任务三　会议生活服务

一、会议餐饮服务

餐饮服务是会议进行阶段服务中不可或缺的组成部分。对于一个统一安排餐饮的会议来说，通常会议餐饮的形式有两种，会议日常用餐和会议宴会。对于不统一安排餐饮的会议而言，会议主办方通常会通过宴会对与会者进行宴请活动。会议日常用餐是为解决会议进行期间的一日三餐而必需的用餐服务，会议宴请是会议主办方为了某种目的的对与会者的宴请。

会议餐饮形式的合理安排有利于促进整个会议的顺利进行，有利于达到会议目标。会议期间的每一次餐饮活动都是与会者增加认识和了解的机会，所以会议餐饮就成为会议期间人们交往不可缺少的活动。

（一）会议日常用餐

有来自不同单位的人员参加的、时间在一天或一天以上的会议，一般要安排会议的用餐。会议用餐的伙食标准和收费标准应按照有关规定确定。会议主办方根据会议就餐人数事先安排用餐的场所和就餐的办法为与会者解决好一日三餐。

如果会议时间在两天以上，将安排早餐。早餐应注重营养舒适，通常采取配餐或自助餐的形式，形式较午餐、晚餐可简单一些。如果是会中的休息午餐，午餐地点应安排在会场附近，可以让与会者有时间往返于会场所在地。餐饮最好中西餐结合，可以是自助餐，也可以是工作餐，以满足各种人员的需要及要求。如果是一天会议结束后的晚餐，应安排在与会者驻地附近，晚餐可较午餐丰盛一些，让与会者有充分的时间去享用食物。

会议日常用餐一般分为自助餐或者围桌餐，其中的类别有中式、西式等。自助餐一般是以发放餐券比较多（很多酒店对于自助餐的开设有就餐人数的最低要求），可以根据会议的需要，事先制定餐标及餐谱，最好区分正式代表与随行人员、家属，特殊要求者可以和餐厅协商。

围桌式会议餐饮安排相对比较复杂点，特别是偏大型会议用餐时需要考虑的问题有：开餐时间、每桌人数、就餐凭证、同桌者安排、特殊饮食习惯、酒水种类及付款方式等，要安排好每桌的人员，以免发生混乱。

除会议统一用餐之外，还有需要特别做出安排的用餐。通常是指符合少数民族饮食习惯的用餐和个别与会人员因身体原因而特别要求的用餐，属于会议的特别服务项目之一。接待前应及早了解与会者的饮食习惯与宗教信仰、特殊要求（如清真、素食、软食、忌食、病号餐等），注意与会者的饮食禁忌，事先安排好部分特殊用餐者的餐饮食谱。

与会者在一起要开3~5天甚至更长时间的会议，如果每天都采用一种餐饮形式肯定会使与会者厌烦、抱怨。所以应该考虑适当变换与会者的就餐方式，一般在一个会议期间要根据会议活动灵活安排正式宴会、自助餐、风味小吃等就餐方式，对非正式宴会也可采用套餐、分餐制或火锅等形式，以增强餐饮对与会者的吸引力。

餐饮服务的注意事项：为了有针对性地准备食物以及配备服务人员，避免出现备餐不足或过多等情况，会议主办方必须提前告知每次餐饮服务中就餐的人数并予以签单担保，如果届时与会者没有按计划数到场进餐，餐厅有权要求会议主办方为他们付费（提前的时间可以从24小时到1周不等）。

由于与会人员众多、餐饮服务人员很难准确辨认每一位与会者，且与会者在用餐问题上有一定的变动性，会议主办方可以通过发放餐券来控制就餐人数。而小型会议中的餐饮服务，只要让与会者彼此结伴或出示会议胸卡就行，不必使用餐券。

特别餐饮服务是相当复杂的事项，会议主办方要给餐厅提供详细的特殊餐饮要求清单，比如犹太教徒进餐时肉类和乳制品不能同时进食；有些天主教徒在星期五的时候不吃肉等。要求餐厅服务人员必须在烹调方式、餐厅安排、服务顺序等方面都要做仔细安排，给予特别的餐饮照顾。

采用自助餐形式时，服务人员要确保食品及饮料的持续供应、做到及时添加点心、菜品和饮料，保证有足够数量的盘、碟、叉、勺。服务人员要仔细观察客人的饮食偏好，便于菜单的调整与修改。一般情况下，每25~30位客人配备1名服务人员，管理酒水的服务员1人可负责40~45位客人。食品与餐具卫生要有严格检测制度与措施，严防食物中毒。

（二）会议的宴会服务

会议是一种商务活动，从事商务活动，必然要参加各种的宴会或者聚餐，商务宴请也是公关活动中常见的一种方式，通过宴请达成某种共识，拉近彼此距离。会议宴请主要包括宴会、招待会、酒会、茶会等形式。

宴会又是一种特殊的会议形式。宴会除了以聚餐为活动载体之外，还具备以下条件：一是以口头的形式发布特定信息；二是事先确定程序（例如何时开始、何时致辞、何时祝酒、何时答谢、致辞时谁先谁后等）。只有满足上述条件的宴请活动才可称之为宴会。

1. 宴会的作用

（1）礼仪作用。在国内外双边或多边活动中，东道主举行欢迎宴会，为客人接风、洗尘，或在客人离别前举行欢送宴会为其饯行，而客人则以答谢宴会感谢主人的盛情款待。在宴会上，主客双方相互致辞、祝酒，共叙友谊，可见宴请是迎来送往常见的接待礼仪。

（2）沟通作用。宾主双方利用宴会的场合和机会，沟通信息、交换意见、商谈工作、发表演讲，是当前宴会活动的一个重要特点。宴会的气氛比较轻松，具有非正式性，利用宴会来沟通信息，可对正式的会议沟通起到一定的补充作用。正因如此，宴请活动常常出现在接待活动中，如早餐会、午餐会、晚餐会等宴会形式，使宾主及来宾之间的交流和沟通更轻松随意灵活。

（3）融洽感情作用。成功的宴会活动可以起到融洽彼此感情、建立相互信任、缓和矛盾、化解危机的作用，从而为达成共识、取得共赢创造条件。

2. 宴会筹备

确定宴会的目的后，确定宴会的名义和宴请对象及邀请范围，根据需要确定宴会的规格和形式、宴会时间地点、确定主持人和致辞人，之后发出邀请。宴会的准备工作还包括拟订菜单，拟订菜单应根据宴请的规格和形式以及预算的经费来安排，既要符合"餐饮适量"的原则，又要看对象、讲搭配、有新意。还需要宴会席位设计。席位即同一桌中的座次高低。宴会餐位安排要求仔细，既不要使就餐的客人感到拥挤，又要便于服务员的迅速服务。宴会服务按 6 人、8 人、10 人一桌比用整个大宴会桌进行要快，服务员的服务范围也好确定，一个服务员可服务几个餐桌。宴会是一种庄重的社交活动，因此要根据宾主身份安排座次。在排席位之前，要先落实主、客以及有关方面出席宴会的名单，然后分别按礼宾次序排列。一般按面门为主、右高左低、由近而远的惯例排列。

中餐宴会的座次安排：座次排列体现了来宾的身份和主人给对方的礼遇，所以受到宾主双方的同等重视。礼宾次序和国际惯例是我们安排位次的主要依据。举办中餐宴会一般用圆桌，每张餐桌上的具体位次有主次尊卑之分。宴会的主人应坐在主桌上，面对正门就座；同一张桌上位次的尊卑，根据距离主人的远近而定，以近为上，以远为下；同一张桌上距离主人相同的位次，排列顺序讲究以右为尊，以左为卑。在举行多桌宴会时，各桌之上均应有一位主人的代表，作为各桌的主人，其位置一般应与主桌主人同向就座，有时也可以面向主桌主人就座。每张餐桌上，安排就餐人数一般应限制在 10 个人之内，并且应为双数，人数过多，过于拥挤，会照顾不过来。

西餐宴会的座次安排：在西餐中，主宾极受尊重。即使用餐的来宾中有人在地位、身份、年纪方面高于主宾，但主宾仍是主人关注的中心。在排定位次时，应请男、女主宾分别紧靠着女主人和男主人就座，以便进一步受到照顾。女士优先。在西餐礼仪里，女士处处备受尊重。在排定用餐位次时，主位一般应请女主人就座，而男主人则须退居第二主位。

在排定位次时，以右为尊依旧是基本方针。面对餐厅正门的位子，通常在序列上要高于背对餐厅正门的位子。一般来说，西餐桌上位次的尊卑，往往与其距离主位的远近密切相关。在通常情况下，离主位近的位子高于距主位远的位子。商界人士所出席的正式的西餐宴会，在排列位次时，要遵守交叉排列的原则。依照这一原则，男女应当交叉排列，男女宾客穿插入座，生人与熟人也应当交叉排列。

在西餐用餐时，人们所用的餐桌有长桌、方桌和圆桌。有时，还会以之拼成其他各种图案。不过，最常见、最正规的西餐桌当数长桌。以长桌排位，一般有两个主要办法。一是男女主人在长桌中央对面而坐，餐桌两端可以坐人，也可以不坐人；二是男女主人分别就座于长桌两端。如用餐者人数较多时，还可以参照以上办法，以长桌拼成其他图案，以便安排大家一道用餐。以方桌排列位次时，就座于餐桌四面的人数应相等。在一般情况下，一桌共坐 8 人，每侧各坐两人的情况比较多见。在进行排列时，应使男、女主人与男、女主宾对面而坐，所有人均各自与自己的恋人或配偶坐成斜对角。

3. 宴会的酒水服务

酒水服务是整个宴会的重头戏，酒水服务是否到位，关系到整个宴会的服务质量。

敬酒、祝酒、干杯是宴会中不可缺少的礼仪，这不仅可以增加热烈的气氛，还可以让饮酒者从中获得快乐和艺术享受。

（1）酒水的搭配。宴会上或酒席间如果备有多种酒品，一般的搭配方法是：低度酒在先，高度酒在后；清淡饮料在先，风味饮料在后；有汽酒在先，无汽酒在后；新酒在先，陈酒在后；淡雅风格的酒在先，浓郁风格的酒在后；普通酒在先，名贵酒在后；干冽酒在先，甘甜酒在后；白葡萄酒在先、红葡萄酒在后（甜型白葡萄酒例外）。

除酒水相互间的搭配外，还要注意酒水与菜品的搭配。比如清淡、香气高雅、口味醇正的菜肴，应配色味淡雅的酒；色调艳丽香气浓郁口味杂的菜品，应配色味浓郁的酒；等等。有的客人不饮酒，服务人员应按客人需要提供矿泉水、开水（热水和冷水）、苏打水、蒸馏水、茶水（绿茶、红茶）、果汁等。

酒水的选用应按照先抑后扬的艺术思想设计，目的在于使宴会由低潮逐步走向高潮，在完美中结束。

（2）斟酒服务。服务员斟酒时，用左手托稳装有酒瓶的托盘，持一块洁净的餐巾随时擦拭瓶口，右手握住酒瓶的下半部，将酒瓶的商标朝外显示给宾客，让宾客一目了然。斟酒时，服务员站在宾客的右后侧，面向宾客，将右臂伸出进行斟倒。每斟一杯酒都应更换一下位置，站到下一位客人的右后侧，切忌站在一个位置为左右两位客人斟酒。中餐宴会的斟酒顺序是从主宾开始，按先主宾、再主人的顺序顺时针方向依次进行。西餐宴会用酒较多，几乎每道菜跟一种酒，吃什么菜饮什么酒，习惯是先斟酒后上菜，在客人右边操作。如果是国家元首，应先斟男主宾，后斟女主宾。一般宾客，斟酒顺序为女主宾、女宾、女主人、男主宾、男宾、男主人，女性处于绝对领先地位。在斟软饮料时，要根据宴会所备品种专人托盘，请宾客选择，待宾客选定后再斟倒。

在宴会进程中，宾主都要讲话（祝酒词、答谢词等），讲话结束时，双方都要举杯祝酒。因此，在讲话要结束时，服务员应用精致的小托盘送上两份举杯用酒，一份请讲话人选取，另一份送给主宾。当主人或主宾逐桌敬酒时，服务员应托着酒瓶跟随其后，以便及时续斟。在主人和客人互相祝酒讲话时，服务员要停止一切活动，站在适当的位置（一般站立在边台两侧），等待敬酒。因此，每位服务人员都应事先了解宾主的讲话时间，以便在讲话开始时能将服务操作暂停下来。

在宴会正式开始之前的半小时或15分钟左右，可在宴会厅门口为先到的客人提供鸡尾酒式的酒水服务。服务员用托盘端送饮料、鸡尾酒，并巡回请客人饮用。

在会议宴会服务工作中，每一个细节都决定着宴会活动的成败，所以应该非常认真地做好宴会的准备工作，控制好宴会的流程。如在餐厅的选用、场面气氛的控制、时间节奏的掌握、空间布局的安排、音乐的烘托、餐桌的摆放、台面的布置、餐具的配套、菜肴的搭配、菜肴的命名、服务员的服饰等方面都要紧紧围绕宴会主题来进行。

二、会议期间旅游服务

任何一个成功的会议都需要有休闲活动安排，一方面，使会议有张有弛，促进会议成功；另一方面，为与会者增加沟通的机会加强交流。

1. 会议期间旅游服务内容

与会者常把会议所在地的旅游当作参加会议的目的之一，这就要求会务人员提供必要的服务。

（1）提供当地旅游信息，包括当地历史名胜、风景点、文化事件、影剧院、音乐厅、健身运动场及购物中心等信息，有些信息应具体到各地点具体的开放时间、天气状况等。最好提供一套当地旅游观光的小册子，给与会者提供方便。

（2）统一安排一次或两次当地旅游活动。一是应把旅游时间表和会议时间表有机结合起来，让与会者在紧张的开会之余，能有休息的时间，以便做到劳逸结合；二是做好宣传工作，保证最基本的人数；三是要有详细的时间安排和旅游项目的游览安排，尤其是每一站到达和离开的具体时间；四是需要明确在何种情况下（如天气变化）取消旅游。

2. 会议期间旅游服务类型

一般会议所在地旅游分为两类：

（1）导购旅游。很多与会者到一个新地点参加会议，总要购买一些当地的土特产送给亲朋好友。会务人员应做好有关导购服务的工作，一般是包租客车，并由酒店提供向导，分期分批将与会者送到各个不同地点。导购服务商的信誉很重要，会务人员应详细向与会者介绍有关商店的特色以及购物注意事项，使他们能用公平、合理的价格买到称心如意的商品，为此行留下美好的纪念。

（2）观光旅游。会务人员应同会议服务经理沟通，并与旅行社联系，要求提供导游。观光旅游地点一般都是历史古迹、风景区、公园、大学校园、民俗住宅区等。有组织的旅游，是一种集体活动。要根据旅游目的，针对与会者的兴趣爱好、年龄特点、旅游时间的长短、经济条件及交通食宿条件等，通盘考虑。确定要去的地方后，制订出切实可行的旅游计划。旅游地类型选择：风景旅游地、古迹旅游地、疗养旅游地、宗教旅游地、体育旅游地、科教旅游地、综合性旅游地均可。

3. 会议期间旅游活动的组织管理

（1）旅游活动的组织。首先，制订旅游活动的日程。一是确定旅游目的地。会议期间的旅游是休闲放松，选择旅游目的地既要选择会议所在地具有知名度的景区，让与会者增加阅历和知识，又要考虑旅游时间的长短，一般会议常安排半天或一天的游览活动。二是安排旅游时间表。分配时间的基本原则是有张有弛，先张后弛。其次，要拟订详细的旅游计划，应与导游员反复磋商，安排好参观游览的线路，并做好出发前的准备和沿途的导游工作。

（2）旅游活动的协调管理。如需外出旅游时就餐，应与餐饮部门联系，选择环境幽雅、风味独特、卫生标准高、服务态度好的餐馆。选择信誉好、价格合理的旅行社合作。

（3）旅游活动的安全管理。注意预防传染病及对晕车人员的关照等，要保证所有人员的安全。旅游人员较多时，事先编组并确定组长，明确责任。

（4）旅游活动的开支管理。旅游费用一般在会议前期做好了安排，并进行了预算，计算在会务费或其他会议收费中。所以，应按计划支出并向与会者讲明哪些是统一安排由会务组开支，哪些是自费项目由个人承担。

三、会议交通服务

（一）会议交通管理的主要任务

1. 会议交通管理的意义

大型会议与会人员的住地和会场不在一起的，要安排好会议期间的交通。会议的交通保障是项重要工作，应当尽力做好。会议交通管理是对会议车辆进行科学调配以保证会议用车的工作。它直接关系到与会人员的集体活动、会议组织的工作需要、特殊用车的批准使用，应引起会议工作人员的高度重视，否则就不能保证重点满足需要，可能贻误会议的正常活动，甚至造成开不成会的严重后果。因此，要根据会期长短、与会人员数量多少等实际情况，本着既保证工作又勤俭节约的原则做好交通安排。

交通管理的主要任务是车辆组织、用车制度、派车管理、车辆调度、租车管理、用车检查和驾驶人员的管理。组织车辆应根据需要来安排，如果会议住地距会场较远，必须有车辆接送与会代表，那就要按与会人数尽可能组织足够的车辆，以保证会议的需要。对于集体活动用车，因为车多人多，必须加强派车管理、用车检查和驾驶员的管理，保证与会人员对号入座、有序乘车。零星用车，必须建立用车制度，规定用车的范围和任务，履行批准手续。至于领导干部用车，则应按规定予以保证。

2. 会议交通管理的主要内容

加强会议用车及与会人员交通事项的管理，以保证会议的顺利进行。主要内容有：

（1）筹齐会议用车。如会议主办者车辆不够，可以调用其他单位车辆或租用车辆。会议车辆的调用（租用）应严格遵循必要和合理的原则。做到既保证会议用车，又符合节俭的原则。

（2）拟定会议用车制度和纪律。大会用车或大会工作机构用车要提前预订，并履行必要的审批手续，与会人员办理与会议无关的公务和私事不供车，与会议无关的参观、游览，其交通费由个人自理。

（3）合理调度会议用车，确保会议进程按计划实施。应根据人员多少安排车辆，一般应配备轿车；如果人员较多，则应当换乘适当规模的旅行车，既要避免人员过挤，也要防止车辆过多。对所配车辆应严格检查。会议会务部门要会同行政后勤部门安排好会议交通用车，用车能固定的尽可能予以固定，如某一小组乘坐几号大车，哪几个人共用一辆小轿车等，防止差错。交通车辆的安排应以节俭、方便为原则，既要保证与会人员按时到会，又要注意节约和保证行车安全。会议要印发车辆通行证，并应指定专人负责会场周围的交通指挥和管理工作，做到秩序井然防止交通事故。行政后勤部门要注意听取与会人员对交通安排的意见，及时研究改进。

（4）对驾驶人员的管理。要把调度一览表发给每一位司机，并且调度人员应该在每天刚上班的时候向司机再宣布一次当日的用车情况，特别是在原有的安排出现变化的时候，一定要当面向司机交代清楚。如果车上配备了接待人员，司机一般应该听从接待人员的安排。当然，有经验的司机也可以向接待人员提供一些好的建议。只有双方相互配合、相互尊重，才可能圆满完成任务。另外还要合理安排司机的时间，不要让其疲劳驾驶，以免发生事故。

如果是接待外宾，对未接待过外宾的司机还应进行适当的培训，所用汽车的随车司机由出租单位发给伙食补助费或夜餐费。

（5）对车辆的维修、保养及汽油供应。会议租车和主办者调用本单位车辆需支付汽油费。对意外事故应采取应急处理措施等。

（二）会议交通安全的管理

会议交通安全的管理工作，任务繁重责任重大，务必要配合保卫部门努力搞好。随着社会主义现代化建设事业的发展，在各种车辆日益增多的情况下，更加不能忽视交通安全的各项管理工作。为了保证交通安全，必须大力做好车辆管理、交通指挥、道路管理和各种人员的安全教育工作。进出车辆必须服从交通指挥人员的管理，不得争先恐后。必要时应配备交通警察，现场指挥。行车路线必须明确划分，要人车分离、各行其道，不能混行。对机动车驾驶人员，必须进行慢行礼让的教育，不要与人流、自行车争道；对所有人员，都要进行交通制度的教育，不为一时争先而造成伤亡事故。

（三）会议车辆的停放管理

会议交通车辆的停放管理，主要任务是指到会车辆的集结与疏散，维护停车秩序，保证行车安全与畅通。要协助相关领导或保安，从以下几个方面做好交通车辆的停放工作。

1. 控制好停车所需场地

执行任务之前，应根据会议的性质和规模，充分估计车辆情况，如车类、车型及数量，有哪些首长、外宾车辆等。预先控制所需要场地，按照分类停放、保证重点、照顾一般的原则，划分停车区域，确定停车办法，制定来去的行驶路线。

2. 确定指挥停车办法

指挥停车，要因地制宜，一般可采取三种形式停车：一是会场门前停车场地宽阔，可指挥车辆进入停车场地停车，客人下车；二是停车场地狭窄，乘车人又需要在会场门前下车，就要指挥车辆在会场门前停车下客，待客人下车后，立即指挥车辆到指定地点停放；三是领导、外宾活动场所门前不便停车，应事先在附近选择临时停车场地，待领导、外宾下车后，指挥车辆到指定地方停放。

3. 车辆停放办法

车辆停放，应坚持五先五后的原则。先外宾，后内宾；先小车，后大车；先重点，后一般；先车队，后单车；先来停近，后来停远的原则。但要注意礼节和重点照顾的车辆安排。车辆停放排列应根据停车场的具体情况，主要有以下五种排列方法：

一是头层相衔接，纵列依次停放。适用于车辆集中来、集中去的各种会议代表乘坐的大车队和领导、外宾活动的小车队或宴会、欢迎会等，利用道路停车。这种办法，能够保证车辆在散场时依次离开。

二是齐头平列，单排横放。适用于集中来、分散走，分散来、分散走的各种晚会、展览会，这种会议活动因小车多而采取这种办法。不仅便于随时调车，保证与会人员分散退场，停车也安全、迅速，便于集结、疏散。有条件的场地应首先考虑采用这种方法。

三是斜排停放。车头向着去的方向斜排停放。适用于停车场地狭长，又紧靠建筑物的场合或在道路两侧停放时使用这种排列方法。有时外宾车队为了美观也采用这种停车方法。

四是方阵停放。车辆横成行竖成列停放，适用于集中来、集中去的大型会议，在车辆多、场地小或场地短而宽的情况下，也采用这种停放方法。

五是主要领导和主宾车辆单排，与一般车辆停放分离，照顾重点、兼顾一般。

上述停车方法应根据情况灵活安排，目的是为了缩短停放时间，争取一次性停好，集结快速，疏散方便，安全畅通，符合礼仪。

四、会议期间陪同服务

1. 陪同的意义和作用

（1）表达尊重和友好。陪同是一种常见的交往礼仪。在接待过程中，客人外出演讲、观摩、游览、购物、就餐以及参加各种事先安排的活动，需要一定身份的主办方人员出面陪同，是主人对客人礼貌尊重和热情友好的体现。

（2）便于沟通和交流。陪同客人外出活动时，宾主双方的心情比较轻松。气氛也不像会见和会谈时那样紧张，更加容易沟通和交流，正式会晤时的那种紧张气氛和矛盾也往往可以在陪同的过程中得到缓解。

（3）提供方便和保障。陪同也是一种接待服务。通过陪同工作使客人在外出活动期间处处有人照应，事事有人安排，让客人感到放心、称心和舒心，使各项具体的接待任务和活动安排落到实处，确保接待工作圆满完成。

2. 确定陪同规格

陪同的规格是指出面主陪人员的身份高低。具体有以下几种安排方法：

（1）客人身份高于本单位领导身份的，一般应当由本单位领导人亲自主陪；领导人另有公务时，可由副职领导人出面代表正职陪同。

（2）客人身份与本单位领导身份相同的，本单位领导可陪同客人出席一些重要的接待活动，其他一般活动则可由副职出面陪同。

（3）下列情况可派与其身份大体相当或稍低的人员（如秘书）陪同，一是客人身份较低的；二是工作事务性来访；三是客人外出进行私人活动。

3. 落实陪同工作人员

个别客人的来访常常由秘书作为领导人的代表陪同出行，但接待团组来访，除了主陪人员外，还需要配备陪同工作人员，如翻译、导游、秘书等，必要时可成立陪同团，由主陪人担任团长。陪同人员要精干、勤快并熟悉陪同事务和礼仪。

4. 做好陪同准备

陪同准备包括：了解客人出行的意图、方式、线路、目的地和日程时间安排。通知有关方面做好各项接待准备，必要时进行事先检查。对陪同过程中可能出现的问题进行分析预测，制订相应的预案。

5. 掌握陪同的方式和要求

陪同的具体方式有陪车、陪行、陪餐以及陪同考察、娱乐等。

（1）陪车。陪同客人乘车时要注意座位次序，小轿车座位的礼宾次序通常为“前下后上、主左客右”，即小轿车的后排为上座，安排主人和客人，后排左位安排坐主方领导人，客人坐在领导人的右侧。接待人员坐在司机边的座位。三排座位的轿车，最后一排为上座，中间一排坐翻译或秘书。

陪同人员陪车时应先打开右侧车门，请客人从右门上车，自己从左侧上车，避免从客人座前穿过。遇到客人上车后坐到了左侧则不必请客人挪动座位。但如果是重要的外宾，车前挂有双方国旗时，则应严格做到主左客右。客人如有行李，陪同人员应主动接过，在后车厢中放妥。陪车中，陪同人员应主动与客人交谈，如介绍活动的安排情况、当地的资源环境和风土人情等。到达目的地后，陪同人员应当先下车，为客人打开车门用手挡住门框上沿，协助客人下车，并主动提行李。

（2）陪行。主人与客人并行，应走在客人的右侧，边走边做介绍和交谈。遇到别致的风景或有纪念意义的地方，可建议客人拍照留念。

陪同人员引导客人，应走在客人右侧前 2~3 步并侧身面向客人。走路的速度应和客人协调。到拐弯处或楼梯口，陪同人员要说"请往这边走""请上（下）楼"，并伸出右手示意。遇到障碍物或上下楼梯时，要提醒客人小心。乘坐电梯时，先告诉客人到几楼，然后上前一步按住电梯的活动门框或按住开门按钮，不让电梯门卡住客人，并请客人先进去，自己最后进入。进入电梯后，立即按楼层按钮。电梯到达后，陪同人员同样用手按住活动门或开门按钮，请客人先出电梯。然后自己再出来。到达会客室时先打开门，门如果是向里推开的，应先进门然后站在门的里侧请客人进来。遇到弹簧门要用手挡住。如果门是向外拉开的，应让客人先进，然后自己再进去。

（3）陪餐。陪同过程中的用餐可以随意一些。进餐厅后，陪同人员应先安排好主陪人和主宾的座位，请主宾坐在主陪人的右边，其他人随意就座，然后开始上菜进程。如需点菜，一般由主办人来点。点菜时要询问客人的喜好、禁忌和饮食习惯，也可将菜谱递给客人让其点菜。用餐时劝酒、劝菜要适当，不可勉强。

（4）陪同考察。陪同客人考察、参观、游览先要选定项目。一般情况下，这些项目在客人来访前已经商定，但也有临时提出或安排的。项目选定要考虑客人的兴趣和要求、当地的接待能力和信息安全等因素。会议中如安排考察、参观、游览活动的，要选派身份合适的人员陪同。专业性较强的参观、考察，应当选派既熟悉业务又有身份的人员进行陪同。除主陪人和必要的工作人员外，陪同人员不宜过多。每到一处，当地应当派有一定身份的领导人出面接待，表示欢迎并做概况介绍。每参观游览一处，应由解说员或导游人员做具体解说和介绍。介绍情况时，数字、材料要确切。

（5）陪同观看文艺演出。演出的节目可根据客人的要求确定。为客人举行专场演出，要组织好入席与退席。专场演出前，安排其他观众先入场，主宾在开幕前一两分钟由主人陪同进入演出大厅，此时，全场起立鼓掌表示欢迎。宾主按主左客右就座后，其他观众再坐下。演出中，观众不得随意退场。演出结束后，主人和主宾起立向演员热烈鼓掌以示感谢，其他观众也应随之起立鼓掌。主宾在主人陪同下向演员献花篮并合影，其他观众应报以热烈掌声。

五、会议期间娱乐服务

1. 会议期间娱乐服务项目的选择

会议期间以丰富与会者文化生活及调节与会者情绪为目的所开展的娱乐活动。会议活动期间适当安排娱乐活动，如观看文艺表演，组织舞会或文艺晚会，安排参观、考察、游览等，可以丰富会议活动期间的业余生活，做到劳逸结合，同时也有助于提高会议效率。

根据会议的一般规律，会议在 3 天左右的，娱乐活动一般不少于 1 次；4~7 天的会议，娱乐活动一般不少于 2 次。会议期间的娱乐活动一般作为固定日程安排在会议日程表中，通常放在下午或晚上。

一般来说，可以组织观赏专场电影、专场文艺演出、音乐表演、戏剧和舞蹈。组织专场电影，大型会议可以由主办单位包场放映，电影内容应当有教育意义或娱乐作用。组织专场文艺演出的观赏，节目内容必须健康有益身心。音乐欣赏：古典名曲、民族音乐、轻音乐等。戏剧欣赏：歌剧、话剧、地方戏、京剧等。舞蹈欣赏：现代舞、芭蕾舞、民族舞等。也可以组织社交娱乐活动，如交际舞会、化装舞会等。或组织与会人员的自娱联欢，观看时装表演、美容表演、品酒会等其他娱乐活动。在经济许可的范围内还可以就近参观名胜古迹或各种工作的典型单位等。

大型会议或专业性会议，根据会议的内容和要求，可选择一定的参观项目。陪同人员要搞好参观活动的组织工作，安排好参观的项目。在选择参观项目时，要注意内外有别，注意保密。涉及国家秘密的项目不宜组织参观游览。如外国客人提出一些不宜参观的项目，应婉拒或托词谢绝。参观项目经领导审定后，陪同人员应立即与被参观单位联系，具体落实参观的项目、时间、地点、人数、交通、食宿和参观程序等事项，便于被参观单位早做准备。参观活动中，陪同人员应随时注意安全和做好服务工作。参观完毕后，要听取和收集参观人员和被参观单位的意见和建议，及时向领导反映。组织参观要注重实效，注意节约；防止追求形式，铺张浪费。会议文化娱乐安排应注意合理安排、节约开支。

2. 会议期间娱乐服务内容安排的注意事项

（1）确定娱乐活动的内容和形式。安排会议期间的娱乐活动时应配合会议活动的主题并适当照顾与会者的兴趣，既要尊重与会者的宗教信仰和风俗习惯，又要体现民族特色和传统文化。

（2）安排具体时间。娱乐活动的时间安排一般应在会议预案中有所考虑，会议开始后可根据实际情况做适当调整。娱乐活动应安排在休会期间，比如晚上以不影响会议活动的进行为宜。如安排参观游览活动，要事先确定参观游览的线路和具体时间表。

（3）做好各项组织工作。参观游览活动的计划确定之后，应及时与接待单位取得联系，以便提前做好接待、介绍工作的准备。组织观看电影、文艺表演活动，要预订座位。自娱自乐的活动要准备好场地、器材等。组织外出的娱乐活动应当集体行动，因此要事先统计好人数，安排好来回接送的车辆，并注意上车后清点人数，避免漏接、漏送。时间较长的参观游览活动，要安排好食宿。准备必要的资金和物品，如摄像机、摄影机、手提扩音机、对讲机、团队标志、卫生急救药品等。参观游览活动的人数较多时，要事先编组并确定组长并为每个小组配备一名会务工作人员，负责具体的事务工作和安全工作。

任务解决

会议进行阶段的服务工作是整个会议服务流程最重要的关键环节，与会前策划及会后收尾同样重要，会中服务明确地作用于服务对象身上，因而也将直接影响与会者对于会议的整体印象，会直接影响到会议的每一个具体流程，最终影响到整个会议的进程和会议的质量。

因此，要高度重视会场服务工作，要协同会务工作人员、主持人、会场服务人员、保安等工作人员共同做好会议的接站、报到、签到、引导工作，在会议期间做好会议的场内外联络工作、会议记录、会议茶水服务、操作与维护会议设备、会场的清洁卫生工作、会场保卫工作，处理临时事项等会议进行期间的服务工作。

实训任务

会议的会务负责人李丽对会议进行了最后检查，由于会务组工作内容繁多但人员只有 3 人，所以对人员进行了分工。新人小黄负责会议签到和陪同大客户一行 6 人参观基地和游览的服务工作。因为小黄是第一次参加这样的会务工作，李丽特别叮嘱小黄明天 8：00 以前一定要到会场，做好与会客人的签到和发放证件、文件的工作。

小黄看到会议日程表上会议开始是 9：30，认为提前一个小时到场应该能够完成签到工作，所以 8：30 才到达会议现场。小黄到会场以后发现已经有一堆客人在签到台前等着签到了，小黄赶紧把签到表、会议资料和午餐券拿到桌面上摆好。看到等候的人这么多，觉得自己边给客人签到边发资料和午餐券太慢了，就让客人自己在签到表上签到，签完到后到她这边领资料和午餐券。这个办法的确很快，不一会儿，客人们都签完到，领资料和午餐券进入会场。

等到会议正式开始后，小黄开始进行清点核对，这才发现签到的人数与她发的资料和餐券数不符合，签到表上还有 5 个人没有签到，而她手里的资料和餐券却全部发光了。她立即慌了，不知道是这些人领了资料没有签到，还是根本没来，让别人替领的资料，她根本弄不清楚，想去核对一下，可是她不认识他们，怎么向总经理汇报呢，小黄不知所措了。

报到工作完成质量不佳让小黄非常沮丧，两天后的陪同大客户服务工作接踵而来。第二天就要陪大客户参观基地和本地游览了，小黄拿到的行程单上客户参观基地时间为 5 月 15 日上午，下午参观熊猫基地，5 月 16 日游览广汉三星堆。但小黄知道大客户参观的基地位于成都以南的新津县，由于企业规模庞大，行业业态众多，半天的参观考察很难达到效果，而游览项目熊猫基地和三星堆都位于城北，只要时间安排合理，一天可以完成游览。小黄拨通了大客户负责人王总的电话，将自己的想法与对方做了沟通，王总欣然同意小黄的安排，并授权小黄安排这两天的行程和用餐。小黄放下电话，立刻开始了新行程的准备工作。

任务分析：

会议服务工作千头万绪，任何疏漏和马虎都会导致工作的偏差。与会人员正式进入会场要做的第一件事就是签到，会议签到是会场工作的重要项目。会场签到就是为了能及时、准确掌握到会人数，如实反映会议实际缺席情况，以便确定会议能否按时召开。

操作步骤：

1. 会议签到工作的要求

（1）认真准备。在会前要准备好有关的签到工具和设备。比如，用簿式签到就要先准备签到簿；用卡片签到则要先印好卡片；如用电子签到要准备好机器，并先进行测试，以免到时出现故障。

（2）有序组织。会前事先设好签到处，安排好会务签到人员提前等候，有条不紊地组织签到。如果签到的同时要分发文件，应把相关的材料装好袋，以免到时候手忙脚乱、顾此失彼。

（3）及时统计。会议签到后，要以最快的速度统计出到会人数和缺席人数，并迅速报告大会主席或会议主持人，以便组织开展相应工作和活动。

2. 陪同考察

陪同客人考察、参观、游览先要选定项目。一般情况下，这些项目在客人来访前已经商定，但也有临时提出或安排的。项目选定要考虑客人的兴趣和要求、当地的接待能力和信息安全的因素。

会议中安排考察、参观、游览活动的，要选派身份合适的人员陪同。专业性较强的参观、考察，应当选派熟悉业务又有身份的人员进行陪同。除主陪人和必要的工作人员外，陪同人员不宜过多。每到一处，当地应当派有一定身份的领导人出面接待，表示欢迎并做概况介绍。每参观游览一处，应由解说员或导游人员做具体解说和介绍。介绍情况时，数字、材料要确切。

项目内容小结

会议进行阶段的服务工作是整个会议服务流程最重要的关键环节，与会前策划及会后收尾相同，会中服务明确地作用于服务对象身上，因而也将直接影响参会者对于会议的整体印象，会直接影响到会议的每一个具体流程，最终影响到整个会议的进程和会议的质量。因此，会务组要高度重视会场服务工作，要协同主持人、会场服务人员、保安等工作人员共同搞好会场服务。

会议服务工作应该倡导现代会议的全新概念，积极为与会者提供最高效、优质、周到的服务；根据客户需求，灵活安排会议规模、费用，提供活动整体会议服务方案，以便为客户提供不同规模、档次的会议服务。同时培养拥有雄厚的办会实力、丰富的办会经验及训练有素的专业会务服务队伍，在承办会议方面要不断积累丰富的实际工作经验，使会议服务工作轻松便捷、有条不紊，将会议举办得更加圆满和精彩，使会议配套的娱乐休闲活动具有鲜明特色，让会议客户满意最大化，让会议接待服务优质最大化。

自我评估

1. 会议开始阶段（会议正式开始前）要做好哪些工作？
2. 简述会场服务中的工作内容和流程。
3. 如何加强会议期间的临时性和突发性事故的能力？
4. 如何选择会议期间娱乐服务项目并提供服务？

案例精选

案例 1

2013 成都财富全球论坛议题解读

议题 1：中国世纪

议题解读　我们是否即将步入中国世纪？本论坛将审视推动中国作为一个超级经济体不断崛起的各种力量，从人口特征的变化到正寻求发展全球品牌的中国商业特质的转变。我们也将探讨中国必须面对的挑战，增进商业与政治的透明化以维持其上升态势。旨在帮助来自全球的商业领袖们更好地了解如何在中国运作，同时与这个深谙其巨大潜能并重新制定经济与政治全球化规则的国家保持同步。

议题 2：可持续发展

议题解读　如何可持续性地管理能源、食物与供水系统，同时增进环境与人类的保护？在设计与实施针对关键挑战的最先进的解决方案的过程中，企业、科学家、政府与非政府组织将扮演怎样的角色？如何应对出现的意外后果？我们将深入探讨中国大手笔的绿色环保计划以及巨大的能源需求，了解什么可行、什么不可行。

议题 3：创新与科技

议题解读　未来十年改变商业与社会的新发明会是什么？谁会是发明者？诸如"脸谱"的网络平台风靡世界不仅因其经济潜力而且同样因其影响社会变化的力量。宽带的广泛普及以及"云"的发展将如何持续改变全球人口生活与工作的方式？中国是否当然将成为技术创新的领导者？政府的政策与投资是否能够真正激发创新，下一个"硅谷"的出现或许非一蹴而就且取决于其他微妙因素？

议题 4：全球金融与经济复苏

议题解读　过去五年经济震荡的教训为何？紧缩并非灵丹妙药；在许多国家，刺激消费也并不奏效。国与国的经济比以往任何时候都更加互相关联，一个像印度这样的国家的增长放缓会成为全世界的头条新闻。我们将探讨新兴的经济超级大国所扮演的角色，以及紧密相连的新一代全球经济所面临的挑战。我们也将探讨中国作为世界各国的主要贸易伙伴以及国际外债的重要持有者的角色。

案例2

第××届××论坛开幕当日上午重大活动执行流程

时间	流程
06：30前	开幕式、××国际论坛的工作人员、礼仪人员、大学生代表、新闻媒体记者、演员到位 由体育馆（开幕式现场）东大门进入，由2号、3号厅安检口入场，对号入座 车辆调至××国际广场工地内停放
07：00前	自行前往开幕式现场的嘉宾，在体育馆东大门外下车，步行由东大门进入，由2号厅安检口入场 空车停放于××国际广场工地内
08：00	与会代表、嘉宾，在对口接待单位工作人员陪同下，从酒店出发前往体育馆
8：40	与会代表、嘉宾到达后由1号厅安检口入场，对号入座 省部级领导由主席台西侧通道入场，对号入座 车辆经匝道，停放于东通道
8：50	联合国项目服务厅总干事、联合国开发计划署署长特使、港澳特首代表团团长、VA区外国部长级官员等由主席台东侧通道入场，对号入座
09：00	第×××届×××会开幕式开始
10：00	开幕式结束。联合国项目服务厅总干事等，从主席台东侧通道退场至先前休息室休息 随员在西平台北侧乘原车辆
10：10	联合国项目服务厅总干事等乘车前往××国际会议中心参加论坛活动
10：50	联合国项目服务厅总干事等在××国际会议中心正门下车，乘扶梯分别到A厅、B厅休息
10：55	国家部委领导、各省、部省级领导及对口接待单位陪同领导抵达××国际会议中心，在正门下车，乘扶梯到论坛会场就座 所有随员乘扶梯到论坛会场就座
11：00	第××届中国西部×××国际合作论坛开始
12：00	第××届中国西部×××国际合作论坛结束 联合国项目服务厅总干事等退场至先前休息室休息 随员至会议中心正门厅内等候，依次乘原车辆
12：02	部省级领导及对口接待单位陪同领导退场，前往××大饭店宴会厅，出席答谢午宴

案例3

出席××开幕式及论坛嘉宾车次安排表

序号	宾馆名称	嘉宾名单	车位（座）	车型	编号	车辆路线安排
1	锦江宾馆	国家发改委、商务部等部省级领导，对口接待单位陪同领导	17	考斯特	1	宾馆→开幕式→论坛→午宴→宾馆
		国家发改委、商务部等部委参会代表	17	考斯特	2	宾馆→开幕式→论坛→午宴→宾馆
		中国贸促会、全国友协、全国工商联等参会代表	17	考斯特	3	宾馆→开幕式→论坛→宾馆
2	香格里拉大酒店	联合国代表团代表	17	考斯特	4	宾馆→开幕式→论坛→宾馆
		重庆、西藏部省级领导，对口接待单位陪同领导	17	考斯特	5	宾馆→开幕式→论坛→午宴→宾馆
		北京、天津等部省级领导，对口接待单位陪同领导	17	考斯特	6	宾馆→开幕式→论坛→午宴→宾馆
		港澳特首代表团团长及随员	17	考斯特	7	宾馆→开幕式→宾馆
		外国部长级官员	17	考斯特	8	宾馆→开幕式→论坛→宾馆
		驻华使节、总领事参赞	39	中巴	9	宾馆→开幕式→论坛→宾馆
		外国政府代表团（代表）	39	中巴	10	宾馆→开幕式→论坛→宾馆
3	转场	省内厅局领导	17	考斯特	11	开幕式→论坛→午宴
		新闻媒体	39	中巴	12	开幕式→论坛

案例4

××市为××论坛举办采取的安保措施

近年投入警力最多、级别最高的大型活动安保

该负责人介绍，××全球论坛是世界最高规格的财经盛会。该××全球论坛，是继上海、北京之后又一次在中国举办。这是该市推进现代化国际化建设的重大历史性机遇和具有里程碑意义的重大事件。做好论坛安保工作，营造和谐安宁的社会环境，可以说事关论坛成败，事关人民群众的生命财产安全，事关城市的形象、中国的形象。

现在国际反恐形势严峻，安全问题已经成为重大国际活动的头等大事，大型赛事活动实行严密的安保措施，已成为国际的通行做法。特别是论坛的国际性、高层次性，决

定了做好安保工作的重要性、紧迫性。安保工作任何一个点滴疏漏，都可能导致论坛全盘皆输。因此，这次也是该市近年来投入警力最多、级别最高的一次大型活动安保。

建立核心安保圈　制订 40 多个安保方案

安保工作启动以来，该市公安局成立了由副市长、市公安局局长任指挥长的该论坛安保工作指挥部，在核心安保圈设置了 3 个片区指挥部，形成了层级负责、扁平高效的指挥体系。围绕论坛活动及线路涉及的重点部位，精心制订了现场安保工作的总体方案和 43 个分方案，并多次开展各类实战演练。

去年以来，该市公安机关围绕各种可能影响论坛安全，影响社会稳定的违法犯罪活动、社会治安顽疾和突出治安问题，深入开展了打击整治行动和安全防范检查，全力做好社会全面防控。交警部门也采取尾号限行、加大交通执法力度等，有力地保障了全市道路畅通。

与此同时，围绕安保核心重点，警方建立了由内向外的"核心区""封闭区""防控区"的核心安保圈和大城市安保圈。在中央和省市的领导支持下，建立起了全方位、立体化、层次分明、内外联动的安保体系，采取精细化工作，无缝隙防控，扁平化管理，"零容忍"打击，全力确保"万无一失"。

会议结束阶段的会务服务

职业能力目标 ≫

能够引导与会人员安全、有序地离开会场；能够安排工作人员对会场进行清理；能够做好与会人员的返程工作。

掌握会议经费结算的步骤和方法，能够进行会议经费的结算；了解会议文件整理的范围、方法、要求和注意事项，能够对会议期间的文件进行整理。

任务导入 ≫

经过3天的会议、参观、考察，××大酒店2013年度客户联谊会暨2014年产品订货会圆满结束。如果你是酒店会务服务人员，请合理安排会议结束阶段的会务服务。

任务一　送别会议代表

会议结束并不意味着会务工作的完成，会议服务人员要适时做好善后工作，让会议善始善终，圆满完成。引导与会人员安全有序地离开会场、安排与会人员返程都是会后重要的工作。

一、及时引导与会人员离场

引导与会人员离场，在通常情况下是等主席台上的领导离场后，再引导与会人员有秩序地离场。能打开的大门，尽量都打开，避免离场时出现拥挤现象。会议服务人员要事先安排引导人员，各司其职，与会务人员一同引导与会者有秩序地离开会场。如果会场有多条离场通道，领导者和与会者可以各行其道。如果会场楼层较高，需要使用电梯，那么这时就需要安排专门人员负责电梯的有序使用，同时安排部分人员走楼道，进行分流，避免拥挤。能否快速离场，也是选择会场时需要考虑的问题。大型会议还要注意散会后引导车辆迅速、有序地离场，必要时可派专人指挥。

二、送别会议代表

送别会议代表是会议结束阶段工作中的一个重要环节，这一环节如果处理得不好，就会使整个会议的总体效果在与会人员的印象中大打折扣，使先前的工作努力和成果前功尽弃。

因此，要使整个会议完整有序，有始有终，完美无憾，就一定要认真、周到地做好送别会议代表的各项工作，切不可掉以轻心或疏忽大意。

会议服务人员应该根据与会人员的要求，提前发放为其预订的回程票，结清会议费用，安排足够的车辆送站。送别会议代表的主要工作有：

1. 结清包括餐费、住宿费、交通费等会务费用；
2. 分发回程票（如火车票、机票、船票等）；
3. 安排车辆送站（如小面包车、普通中巴、大巴、旅游客车等）；
4. 安排领导、专人送客。

（一）结清与会人员的会议费用

会议通知上一般均会提示与会人员参加会议时准备好会务费，会议结束后，会议主办方应及时安排与会者结算会务费用，同时向缴费者提供相关发票，以供与会者回单位后报销。

会议费用的承担大致有三种情况：一是会议所有费用都由主办方承担，这种承担方式较少；二是主办方承担会务费，其他费用由与会者自理；三是所有费用都由与会者承担，承办方只负责会务组织和服务。

1. 主办方担负会务费，其他费用由与会者自理的会议

这里的其他费用一般包括住宿费、餐饮费、车船机票费及旅游参观费用等。为避免麻烦，一般的会议组织者都会将会议的餐饮费和住宿费一起计算，即把餐饮费计算在住宿费用之中，只开一张票据——住宿费。会务组人员要在与会者离会前为与会者开好住宿发票，或嘱咐与会者离会前到住宿的宾馆前台结清账目，开好发票。

2. 所有费用都由与会者担负，承办方只负责会务组织和服务的会议

这种付费方式的会议一般是由会议公司来承办，会议组织者要为与会者开清以下发票：一是会议费发票；二是住宿费发票。在宾馆、酒店召开的会议，一般先由会议主办方（承办方）统一收取住宿费用，开具住宿费收据；而在与会者离会前到宾馆前台换取

正式发票。

（二）发放回程票，安排人员送站

会议结束时，应通知与会人员到会务组领取代为预订的回程车（机）票，同时，提前安排车辆和人员根据与会人员离去时间组织送站。会议组织者应根据车辆的承载量安排合适的车辆为与会人员送行。

在送离与会客人时，应提醒他携带好个人物品，不要有遗漏。这样既可以减少与会者匆忙回头寻找遗落物品的可能，又可为自己省去保管遗落物品，甚至送递和邮寄的麻烦。如有必要，还可以安排有关领导或专人为与会者送行。有时，因工作需要，有些与会者必须暂时留下来，这就需要做好这些滞留代表的食宿安排。

1. 合理安排与会人员返程的工作可以按照以下程序进行：

（1）要事先了解外地与会人员对时间安排、交通工具的要求，根据会期长短、外地与会人数多少等实际情况，及早安排好外地与会人员的回程事宜。

（2）一般情况下要按先远后近的次序安排返程机票、车票的预订事宜，要掌握交通工具的航班、车次等情况，尽早与民航、铁路、公路、港口等部门沟通联系，提前预订好飞机、火车、汽车、轮船票。

（3）应编制与会者离开的时间表，安排好送行车辆，派人将外地与会人员送到机场、车站、港口，待他们乘坐的交通工具启程后再返回。如有必要，还应安排有关领导同志为与会人员送行。

（4）为了安排好与会者的离场，会议组织者必须对当地的交通状况有充分的了解，这需要会议组织者在会前就做出细致周到的安排，会中根据会议进程以及与会者的要求做好随时调整的准备。

2. 安排细节

安排与会人员返程须注意以下细节：

（1）如果与会人员要赶往下一个目的地，会务人员要提前准备好机票、车票，并尽量安排专人专车送往机场或车站。

（2）无论是自有车辆，还是租赁车辆，会议组织者都有责任保证其安全性，包括每辆车合法承载量的确认、各种安全检查以及司机的安全教育等。

（3）会议组织者在安排交通工具时，应该考虑当地气候、旅途长短等因素，尽量使与会者感到舒适、满意。比如若当地气候潮湿闷热，就应该安排有空调装备的车；如果旅途较长，则可以安排配备有移动电视的车等。

3. 送客礼仪

安排专门的工作人员在会场外、宾馆门口欢送与会人员离开。对于一般的与会者，安排礼仪小姐或其他工作人员送行，对于身份特殊的与会者（如上级领导）则应当安排身份对等的人员送行。送行时应充分注意礼仪，向对方表示出诚挚的惜别之情。

任务二　会场的善后工作

一、会场清理

根据会议筹备期间所准备的会议物品清单，列出在会场需要回收的物品清单，然后根据清单一一清点所有物品，将收回的数量准确登记，对于缺少的应当注明原因。清理会场的一般工作流程如下：

1. 拿走通知牌和方向标志

在会议结束后，通知牌和方向标志失去了其必要性，应及时拿走它们，恢复场地的原有模样，以便归还租借的场地。一次性说明标志或通知牌应予以销毁，对于可重复利用的应统计、归类、入库，以便下次使用。这样做有利于节约材料、资源，节省人力和物力。

2. 清理会场内其他物品

撤去会场上布置的横幅、会标等宣传品，把会议上使用的幻灯片、手提电脑、座席卡等东西收拾好。退还一些租借的物品和材料，妥善安排处理。如有设备、器材在会议使用中出现故障，应及时修理，保证下次的正常使用。如果发现会场有遗留物品，要妥善保管，并同失主联系。

3. 清理文件资料

会议结束后，会产生大量的废弃纸张。这些纸张或是草拟的文件或是会议的资料或是财务的报表，会议结束后首先要收回所有应该收回的会议资料，要将所有纸张进行整理、清点、归类，找出有用的资料，不能再利用的纸张要销毁。会议都有其保密性，会议结束后的剩余文件也要注意，避免在无形中泄露国家或商业机密。在清理文件时，要对文件的密级分类并及时销毁。

4. 通知配电人员和服务人员

会场清理完毕后要通知配电人员切断会场不需使用的电源，通知会场服务人员，及时关闭会场。

二、结算会议费用

会议费用的结算是办会者在会议结束后对整个经费使用情况即会议开支费用的结算，包括两项内容：一是会务人员和宾馆酒店结算会议开支费用；二是会务组和单位财务部门的结算。

1. 住宿费、会场租赁费等费用的结算

会议结束后，会议服务人员应及时与会议承办方结清会议的各项费用，主要包括：会

议室租借费、设备使用费以及开会期间的其他相关费用。需要注意的是，会议主办方所收取费用一般不包括使用酒店房间的长途电话、客房小酒吧、在酒店签单等这些额外费用。所以，为了避免产生麻烦，酒店宾馆可以事先撤掉这些服务项目或与与会人员交代清楚。

2. 和单位财务部门的决算

会议召开前，会务工作人员已经制定了会议经费预算。预算经领导审批后，会务人员就可以到财务部门预支会议经费。会议结束后，会务工作人员与财务人员应按照会议经费预算计划，进行会议开支的财务决算。一切会议都应该遵循勤俭节约原则，在保证会议正常进行的前提下，精打细算，减少不必要的开支。经费决算表经领导审核签字后，报财务部门结算。

任务三　整理会议文件

一、会议文件的分类

会议文件是提请会议论证和审议事项的文件材料。会议文件包括会议记录、会议简报、会议纪要、会议正式文件和参阅文件、会议总结等。

1. 会前文件

会前文件按用途又可以分为三小类：一是用于会议管理方面的文件，主要指会议计划、会议安排、会议通知、会议指南、会议须知、会议议程、会议程序、会议日程等；二是用于会议参考方面的文件，主要有统计数据、典型事例调查报告、情况报道、历史资料、档案材料，有关法律、法规、规章和政策性文件的文件汇编、书籍报刊等；三是用于宣传礼仪方面的文件，如贺信（电）、祝词、宣传口号等。

2. 会中文件

包括开幕词、闭幕词、会议讲话稿、会议工作报告、会议记录等。

3. 会后文件

主要指会议纪要、会议决定、新闻发布稿、会议简报等。

二、整理会议文件

会议文件最基本的功能是记载会议信息。此外，它还具有以下作用：

1. 实施对会议的领导和管理；
2. 向与会者提供会议信息；
3. 掌控会议的方向和进程；
4. 促进与会者之间的交流与沟通；

5. 记录会议的过程和成果；

6. 便于宣传和贯彻会议精神。

因此，整理会议文件是非常重要的一项工作。

（一）整理分发会议记录

将完成的会议记录，经会议主席修改确认后，按规定发送相关人员。

会议结束后要打印出会议记录，送会议主持人审查，审查通过后要精心编排。复制会议记录要切实做到完整准确。分发会议记录时要按照从上到下的准则发送，保证相关部门得到的会议记录的完整性并要留有副本。分发到各部门后，要督促抓紧学习会议精神并反馈信息，使领导部门及时了解到会议成果的落实情况。秘书的手中要留有分发记录的备份。

（二）形成大会决议、简报或纪要

根据会议主题、议题及会议记录，形成大会决议（简报、纪要），根据单位规定，发送有关人员。

（三）写总结向上级汇报会议情况

将会议自筹备到结束的情况写成书面材料，向上级汇报。

（四）收全会议材料，汇编会议文件，并分类、立卷、归档

将会议自筹备到结束的所有文件、材料包括文字材料、重要照片、录音录像、论文集等收全，分类整理归档，以便核查及以后类似会议参考。归档的方法有两种：一种是将以上所有资料组成一卷，便于以后召开类似会议参阅；另一种是将次要的资料，如会议通知、会议议程、会议日程、分组名单等舍去销毁，不再保留，而将相对较重要的资料如文件资料、相关照片、会议记录、会议简报、会议纪要等与该会议相关的同类资料分别组在一起。立卷、归档都需要成本，所以一般是保留所有的会议资料，但是最好根据将来用到的可能性合理取舍。

目前汇编会议文件一般可分为两种：一种是档案工作资料需要的汇编，这种汇编是将会议所有文件，包括会议通知、会议名单和分组名单、会议须知、会议正式文件和参阅文件、会议简报、会议发言材料、领导讲话、会议总结等都收集起来，按照先后顺序装订成册，以备查考。这种汇编要求文件齐全。另一种汇编是供学习用的，是将会议正式的报告、讲话要点等进行汇编。

任务解决

会议结束并不意味着会务工作的完成，会议结束阶段的会务服务决定了整个会议是否圆满完成。要做好会后的会务服务，首先，应该了解送别会议代表的程序，了解会场

布置情况，才能引导与会人员安全有序地离开会场；准确高效地安排与会人员返程，安排与会者结算会务费用；其次，应该掌握会场善后工作的程序，包括会场的清理，会议经费的结算；最后，应该知道会议文件的处理方法，包括对文件分类的认识，如何归档，如何分发等。这样才能圆满地完成会后的整个工作过程。

实训任务

2012 年 7 月 20 日，教育部高职高专酒店管理专业骨干教师培训会在宁波××××大酒店召开，共 100 人参加。为期 3 天的会议结束后，请做好会议结束阶段的会务服务。

任务分析：

会议结束阶段的会务服务工作很重要，因此要先理清工作思路，应该知道会议结束时要涉及送别会议代表、会场的善后工作和会议文件的整理等相关方面的工作。并根据工作流程逐项做好服务工作。

操作步骤：

1. 了解会场布置情况，安排人员引导其他人员离场；送别会议代表，结清与会代表的会议费用，做好与会人员的返程工作；

2. 清理会场，清退租借设备，结清会议费用；

3. 整理会议文件，立卷、归档、分发。

项目内容小结

会议结束并不意味着会务工作的完成，会议服务人员要适时做好善后工作，让会议善始善终，圆满完成。引导与会人员安全有序地离开会场、安排与会人员返程，会场的清理及会费的结算都是会后重要的工作。会议文件是提请会议论证和审议事项的文件材料。会议文件包括会议记录、会议简报、会议纪要、会议正式文件和参阅文件、会议总结等。会议文件最基本的功能是记载会议信息。此外，它还具有以下作用：①实施对会议的领导和管理；②向与会者提供会议信息；③掌控会议的方向和进程；④促进与会者之间的交流与沟通；⑤记录会议的过程和成果；⑥便于宣传和贯彻会议精神。因此，整理会议文件是非常重要的一项工作。

自我评估

参照会议结束阶段的会务服务流程，分析自己应该从哪些方面可以做得更好，从而把会后的工作做得更加规范。

案例精选

案例1

送别会议代表

经过3天的会议、参观和考察，荣华公司2014年度产品订货会圆满结束。为做好送别会议代表工作，制定如下工作表：

1. 引导与会人员离开会场安排表

姓名	职务	工作内容	联系方式
张丽	总经理秘书	协调整体工作	13666445＊＊＊
王红	办公室秘书	负责引导主席台领导、嘉宾离开会场	13652666＊＊＊
李明	办公室秘书	负责引导与会人员离开会场	13923541＊＊＊
周红	生产部秘书	负责引导与会人员离开会场	13913815＊＊＊
徐静	市场与研发部秘书	负责停车场车辆调度	13913652＊＊＊

2. 送站小组成员表

姓名	职务	工作内容	联系方式
张丽	总经理秘书	协调整体工作	13666445＊＊＊
吴征	生产部经理	负责送别重要客户	13652666＊＊＊
王珊	销售部业务员	负责送别采购部参会人员	13923541＊＊＊
赵海	市场部经理	负责送别市场部经理	13913815＊＊＊
李凌	办公室	司机	13913652＊＊＊
方晓	办公室	司机	15972100＊＊＊

3. 会议代表送站安排表

姓名	性别	单位及职务	联系方式	车次/航班	时间	出发地点	送别工作人员
王龙	男	北京市天宇公司总经理	13520364＊＊＊	HU4736	15日9点30分	禄山机场	吴征
张晓山	男	北京环保设备有限公司总经理	13652666＊＊＊	Z50	15日20点30分	南京站	赵海
张兴	男	台州市庆阳公司采购部业务员	13923541＊＊＊	K195	15日14点	南京站	王珊
吴艺玲	女	天津环保设备总厂厂长	13913815＊＊＊	140	15日21点15分	禄山机场	张丽

案例 2

G20 杭州峰会会务组主会场小组每个人
都被评为 G20 杭州峰会先进个人

桌子怎么放？水瓶怎么摆？每个细节背后都有智慧和汗水。

时间追溯到 7 月 25 日，G20 杭州峰会召开之前——

那一天的午夜 12：35，整座城市静谧了下来，大部分人已经进入梦乡。这时，杭州国际博览中心的四楼主会议厅却灯火通明。G20 杭州峰会会务组主会场小组又一次接到了外交部关于参会人数调整的通知：各国和国际组织进入主会议厅的人数从 118 人增加到 205 人，不仅如此，还要考虑会议期间的临时调整需求，同时要预留记者席位。这意味着，原先布置好的会场必须从头谋划。

从 2016 年 2 月主会场会务小组建以来，大家已经对这样临时性的调整变化有了充分的思想准备，唯有付诸行动，以最快的速度应对，以最佳的效果展现。主会议厅是这次 G20 杭州峰会的核心场地，在这里，将举行开幕式、闭幕式和一系列领导人会议。在 2000 平方米的圆形场地内，48 张桌子、157 把椅子（每把重达 50 公斤）反复摆放调整，会务小组先后出具效果图 50 余份，最终形成了最佳方案，满足了会议需求。

如果说桌椅摆放体现的是国际最高规格会议的硬件要求，那么，在场馆内为包括各国元首在内的与会代表提供热情细致、精准周全的咨询服务，则是彰显杭州地方软实力和咨询台人员个人高超素养的重要媒介。

咨询台俨然成了主会场内一道亮丽的风景线、一片会务知识的传播台和一个中外文化交流的互动体，而这一艰巨任务也是由会务组主会场小组所承担的。在 G20 杭州峰会主会场，每一个细节的背后，都凝聚着大家的担当、智慧和汗水。

在 G20 杭州峰会总结表彰会上，G20 杭州峰会会务组主会场小组 55 个成员中，共有 30 人被评为杭州市服务保障 G20 杭州峰会先进个人。之前，再加上已有 25 人被评为省级服务保障 G20 杭州峰会先进个人，整个会务组主会场小组人人都获得了先进个人的称号。

会务工作，是一项系统、繁杂的工作，峰会会务更是如此。G20 杭州峰会是全世界瞩目的焦点，各国元首及国际组织领导人集聚一堂。会务组成立之初，就要求大家按照"心无杂念、全力以赴"八字要求投入到工作中。

自 2016 年 2 月 18 日起，峰会会务组共计三次向杭州市外办等各市级机关、专业院校和企事业单位以及上城、下城、江干、拱墅、西湖、滨江、萧山等各区级部门抽调了 55 位工作人员。他们都是经过层层选拔的岗位能手，政治上可靠、作风上优良、外语上过硬。在经过系统学习后，所有人员被分成 12 个小组，分别负责主会议厅、外方工作间、听会室、双边会谈室、同传翻译间、设施设备、证件交通、宗教医疗等工作，建立了一个可以第一时间分解工作任务的人员架构。

在杭州国际博览中心 17 万平方米的范围内，共启用包括接见厅、合影厅、领导人会议室、元首午宴厅、听会室、新闻发布厅等功能点位 80 多处。整个会议期间，会务小组共完成领导人五个阶段会议、开闭幕式、新闻发布会等大型会议会务组织工作，落实了 23 场 318 人次的双边会谈安排，做好了 36 间外方工作间的配套服务，妥善安排了 17 种语言分布在 4 个楼层 7 个会议室 44 个同传间（箱）的翻译工作，切实保障了 2000 余人次的听会需求。主会场会务小组的成员们都是第一次参与这样大型国际性会议的会务工作，大家群策群力、反复研究，在中筹委和省市筹备办的有力指导下，先后完成了 83 个工作方案的制订，涵盖会议期间的所有会务细节。

大家用脚步丈量着 17 万平方米的各个角落，用一次次的演练来检验工作成效，大到主会议厅等功能区块的布置，小到一张纸、一瓶水的摆放和检查，都实现了零差错、零失误，以"对标一流、追求卓越"的精神实现了会务方案的完美执行。

会议期间，每位领导人都在发言中对峰会组织和会务安排进行了夸赞。美国总统、意大利总理、沙特王储继承人等还主动提出与会务小组成员合影，以表示感谢。

项目七 | 酒店其他形式会议活动服务

职业能力目标 »

了解酒店其他形式的会议活动；能够掌握开幕式、闭幕式的程序；熟悉宴请活动的操作流程，会草拟正式宴请活动的策划书或方案；熟悉颁授仪式的程序；能够掌握签字仪式的程序并能够策划签字仪式活动方案，有效组织签字仪式。

任务导入 »

2013 年 4 月内蒙古的××贸易有限公司到杭州苏特贸易公司参观访问。苏特贸易公司做了大量的准备工作，其翔实周密的参观准备工作、热情周到的接待工作给内蒙古来宾留下了良好的印象。内蒙古公司希望与苏特贸易公司进行项目合作并希望尽快签订合作协议。双方公司认为本次合作能带来双赢，约定于 2013 年 6 月 10 日在杭州举行签字仪式。请公司员工小白妥善安排此次签字仪式。6 月 15 日杭州苏特公司想宴请内蒙古来宾，小白要为此次宴请草拟宴请活动的方案。8 月 10 日双方公司准备召开新产品发布会，会议流程中涉及开幕式、新产品推介、员工颁授仪式及闭幕式等活动。

任务一　开幕式与闭幕式

一、开幕式、闭幕式的含义和作用

1. 开幕式、闭幕式的含义

开幕式、闭幕式是宣布各种会展活动正式开始和结束的具有象征性和标志性的仪式。开幕式、闭幕式在会展活动中运用广泛，如各种"会"（运动会、展览会、博览会、交易会、代表大会等），各种"节"（电影节、艺术节等），各种"周""月"（文化周、质量月等），都可以举行开幕式和闭幕式。

2. 开幕式、闭幕式的作用

（1）宣布开始和结束

会展活动应当有始有终，因此，宣布开始和结束是开幕式、闭幕式的基本作用。

（2）动员和总结

会展活动开幕式一般要对与会者布置会议任务，明确会议目标，进行思想动员；闭幕式则总结会议的成果，向与会者发出号召，从而使会展活动不仅有始有终，而且善始善终。

（3）扩大社会影响

举办开幕式和闭幕式，能起到扩大会议活动的社会影响、提高会议活动的社会知名度、树立主办单位社会形象等作用。正因如此，开幕式和闭幕式受到越来越广泛的重视。

二、开幕式、闭幕式的准备

开幕式、闭幕式种类繁多，形式繁简不一。有的大型活动，如奥运会的开幕式热烈而又隆重，时间长达几个小时；有的开幕式和闭幕式只有领导人致开幕词和闭幕词一项程序，非常简单。开幕式、闭幕式的组织准备工作应根据会展活动的具体内容和性质来策划和安排。下面以中等规模的开幕式、闭幕式为例来介绍一下主要准备工作。

1. 确定参加对象和范围

开幕式、闭幕式的参加对象应当包括下列几方面的人士：

（1）主办单位及其上级机关的领导。

（2）会议活动的承办单位、协办单位、赞助单位的领导或代表。

（3）东道主以及与会议活动有关的机关、企事业单位的领导或代表。涉外活动的开幕式和典礼也可邀请有关国家、地区、组织代表（如使节、领事、参赞等）参加。

（4）群众代表。为使开幕式、闭幕式气氛隆重，可以选派一些群众代表参加，人数根据规模而定。

（5）有关新闻单位。

2. 确定主持人、致辞人和剪彩人

（1）主持人

开幕式、闭幕式和典礼通常由主办方主持，主持人应当有一定的身份。联合主办的会展活动，可采取共同主持的形式，各方主持人身份应大体相当。文艺类活动的开幕式可邀请明星客串主持。

（2）致辞人

重要的开幕式、闭幕式，主办方可请出身份较高的领导参加并致开幕词和闭幕词。致辞人的身份一般应当高于主持人，如致辞人为正职，则主持人为副职。仪式较为简单的，可由主持人直接致开幕词。如果安排其他国家、组织的代表致辞，应事先发出邀请或协商确定。内容重要的致辞或涉外活动的开幕式、闭幕式的致辞，应事先交换稿件或通报致辞的大致内容。国内的开幕式、闭幕式提倡即兴致辞。

（3）剪彩人

剪彩是开幕式上常见的一种仪式。剪彩人应当是主办单位出席开幕式身份最高的领导，也可以安排上级领导、协办单位领导与主办单位领导共同剪彩。开幕式由双方或多方联合举办，各方均应派出代表参加剪彩，剪彩人的身份应大体相当。

3. 确定开幕式和闭幕式的形式

开幕式和闭幕式的形式主要有两类：一类是以致辞为主的形式；另一类是以文艺晚会的形式。前一类开幕式和闭幕式也可以安排文艺演出，但一般是放在仪式开始前或结束后。后一类则是致辞和文艺表演交织融合，载歌载舞，主要用于文艺类会展活动的开幕式和闭幕式。

4. 发出邀请

参加的对象、范围以及剪彩人一旦确定，应及时发出邀请。对外单位的领导和代表，应当书面邀请。书面邀请分为请柬、邀请信和书面通知三种形式：请柬用于邀请重要来宾；邀请信用于一般的列席对象或较为特殊的对象，除了表达邀请出席的诚意外，还可以提出一些希望和请求，如请对方在仪式上致辞或在不能出席时发来贺电、贺卡、贺信等；对于内部人员则用书面通知，书面邀请发出后，还应当用电话跟踪落实。

5. 现场布置和物品准备

开幕式、闭幕式一般在活动现场举行，室内、室外均可。现场可摆放花卉、花篮，悬挂彩旗、标语和气球等，也可根据会议或活动的内容需要播放音乐、表演舞蹈或敲锣打鼓，以体现热烈隆重的气氛。时间较长或规模较大的开幕式和典礼，可设主席台和贵宾区，并摆设座位。时间较短和规模较小的，一般采取人员站立的方式举行，但事先应划分好场地以维持现场秩序。主持人、致辞人、剪彩人和主要贵宾应面向群众站立，如场面较大应安置扩音设备。剪彩有两种方式：一种是剪彩球，另一种是剪彩带。所剪彩球要用彩带连接，数量应为剪彩人数加1，如4人同时剪彩，应准备5个彩球，以使每个剪彩人都处于两个气球中间。每个彩球均应由礼仪小姐用托盘托住，如不用托盘，应事先告诉剪彩人一定要用左手捏住彩带，以免剪后掉落，造成不雅。另外，剪彩用的剪刀也应事先准备好，每名剪彩人一把，在剪彩时由礼仪小姐用托盘递上。

如果是涉外的双边或多边会展活动的开幕式，还应悬挂相关国家的国旗。

签到是举行开幕式、闭幕式的重要环节，既表示对来宾的欢迎和尊重，又可以留作纪念。一般采用簿式签到方式，签到簿要美观典雅，体现喜庆气氛。来宾较多时，可以多准备几本签到簿，签到用的笔、墨等也应一并准备齐全。签到处最好设在会场入口，如来宾人数较多，签到处可设在主席台的一侧。另外，签到处要设有醒目的标志，并安排礼仪人员接待来宾。庆祝性的开幕式和典礼还要给来宾和领导准备胸花和红绸带，上书"贵宾"或"嘉宾"字样。

有时，开幕式或典礼之后还会安排一些参观、植树、文艺体育表演等活动，因此，与这些活动相关的物品也要准备妥当。留言簿是这类活动常备的物品之一，活动结束后，要请领导和来宾题词或留言，这样可以使整个活动有一个圆满的结尾，又能留下领导人和来宾的墨宝，为日后进一步宣传提供宝贵资料。会标是开幕式、闭幕式和典礼活动现场最引人注目的装饰，其大小要与场地的大小相协调，色彩要与主题相一致。会标的文字一般应当体现活动的主题，有时也可增加主办单位名称和活动日期等内容。

三、开幕式和闭幕式的程序

（一）开幕式

1. 大型综合性活动开幕式程序

各种大型综合性活动的开幕式，要安排得隆重热烈一些，充分体现喜庆、欢乐的气氛。

（1）开幕式前的气氛渲染

大型展览活动的开幕式之前可适当安排一些诸如音乐、歌舞、体育表演等节目来助兴，以营造欢乐、喜庆的气氛。

（2）来宾签到留念

应设专门的接待区以便于来宾签到留念。礼仪人员要为来宾佩戴胸花和来宾证，然后将其引入主席台或贵宾区。如遇到陌生的来宾，工作人员应向主办单位领导逐一介绍。

（3）宣布仪式开始

主持人宣布仪式开始，介绍出席开幕式的领导和主要来宾，也可先由司仪介绍领导和来宾，然后由主持人宣布仪式开始。

（4）举行升旗仪式

重要活动的开幕式要升国旗、奏国歌。如果遇有会旗和会歌的，还应在升国旗奏国歌之后，升会旗、奏会歌。升旗时，要求全体起立，面向国旗或会旗。

（5）致辞

致辞的形式多种多样，下列两种可供参考。第一种，先由主办单位领导致开幕词，并向各位来宾表示欢迎，对有关各方表示感谢。然后由来宾代表致辞，来宾代表致辞的顺序按身份高低安排。第二种，先由主办单位的领导发表主旨讲话或欢迎词，然后由来宾代表先后致辞，最后请在场身份最高的领导宣布"我宣布，××活动开幕"。联合主办的活动，也可用共同剪彩的形式代替致开幕词。

（6）剪彩

主持人介绍每位剪彩人员的身份和姓名，由礼仪人员引导其进入事先安排好的位置。国内的剪彩仪式，身份最高的人士居中，其他剪彩人员依身份高低按先左后右的顺序排列；双方联合主办的剪彩仪式，则按主左客右的惯例排列。剪彩时，可以播放音乐、放鞭炮或礼炮等，全体人员鼓掌祝贺。

（7）参观、植树、观看表演

展览会开幕式结束后，一般会举行参观活动。参观时，应让身份最高的领导和来宾走在前面，并由解说员介绍。如有外宾参加，还需做好翻译工作。

开幕式结束后还可以举行植树纪念活动或观看文艺体育表演等。

（8）留言或题词

参观结束后，请领导和来宾题词或留言。

2. 会议活动开幕式程序

会议活动开幕式的程序相对来说较为简单，一般如下：

（1）司仪介绍出席大会的主要领导和嘉宾；

（2）司仪介绍主持人的身份和姓名；

（3）主持人宣布开幕式开始；

（4）奏国歌；

（5）致开幕词；

（6）来宾致辞（开幕式的来宾致辞顺序按身份高低排列，身份相近的可按关系的密切程度或其他方法排列。有时也可安排工作人员宣读有关方面的贺电、贺信）；

（7）主持人宣布开幕式结束，进入会议正式议程。

（二）闭幕式

1. 会议活动闭幕式程序

经过精心策划的闭幕式能给人留下难忘的印象。闭幕式中的签到、介绍领导和来宾、宣布仪式开始等程序与开幕式基本相同，不同的程序主要是：

（1）举行工作性会议，由主办单位的领导致闭幕词（闭幕词一般要对会议活动进行总结，对会议精神的贯彻落实提出希望和要求），最后宣布会议或者活动圆满结束；

（2）党的代表大会闭幕式奏国歌，并齐唱国际歌；

（3）赛事或评估活动的闭幕式要宣布比赛成绩和名次或评选结果，并举行颁奖仪式；

（4）系列性活动或系列性会议的闭幕式，常常举行交接仪式，由本届主办单位向下届活动的主办单位移交象征性物品，如火炬、旗帜、钥匙等；

（5）如果开幕式上举行了升会旗仪式，那么闭幕式应当相应地举行降会旗仪式；

（6）××节、××展览、××月等大型活动的闭幕式后还可以举办文艺或体育表演，以示庆祝；

（7）文艺活动的闭幕式可以采取晚会的形式。

任务二　会议宴请

会议宴请是会议活动的主办者对与会者、参展者表示欢迎或欢送的一种礼仪形式。在国内外双边或多边活动中，东道主往往要举行欢迎宴会，为客人接风、洗尘；或在客人离别前举行欢送宴会，为其饯行；而客人则以答谢宴会，感谢主人的盛情款待。宴请是商务活动中最常见的交际形式之一，具有沟通协调的重要作用，是人与人之间、人与组织之间、组织与组织之间交往的重要手段和桥梁。

一、会议宴请的类型

（一）宴会

会议宴会是以正餐为主的宴请形式。在类别上有国宴、正式会议宴会、便宴之分；从举办时间的角度分，有早宴（早餐）、午宴、晚宴之别，其隆重程度、出席规格以及菜肴的品种与质量等均有区别，晚上举行的宴会一般比白天举行的宴会更为隆重。

1. 正式宴会

正式宴会相对于非正式宴会而言，是指按一定规格和要求，郑重其事地摆设的宴席。

国宴是最高规格的正式宴会。国宴是由国家元首或政府首脑作为国家的代表，为庆祝国际、国内重大节日，或者为欢迎外国元首、政府首脑的来访而举办的国家级宴会。宴会厅里必须悬挂国旗、设乐队、奏国歌。国宴的请柬、席卡和菜单上都印有国徽。席间，宾主双方相互致辞、祝酒，由乐队演奏两国的民间乐曲，作为席间乐。国宴使用餐具讲究，对菜肴的道数以及服务人员的装束仪态都有严格的规范要求。

其他正式会议宴会不挂国旗，不奏国歌，除出席规格与国宴不同外，其他安排大体相同，有时也安排乐队奏席间乐。菜肴通常包括汤和热菜，中餐一般 14 道，西餐大致 2~3 道，另有冷盘、甜食、水果。如果条件许可，餐前可安排在休息室稍事叙谈。席间一般可备两种酒——甜酒和烈性酒，餐前也可上一些开胃酒。现代公务宴请提倡不饮烈性酒，可用绍兴酒、葡萄酒及其他软饮料取代烈性酒。

2. 便宴

便宴是一种非正式会议宴会，常见的有午宴、晚宴，有时也有早宴。这类会议宴会形式比较随意,一般是企业内员工聚会或者朋友聚会的一种方式。便宴可以不排座次,无正式讲话,菜式数量也可酌减。常见的便宴有午宴和晚宴两种,也有共进早餐(南方也称为早茶)的。便宴是友好交往与商务活动中运用最广泛的一种宴会。

(二)招待会

招待会是主办方只提供食品和饮料,一般不安排固定的席位,宾客和主人的活动也比较自由灵活,不必拘泥于形式的会议宴请活动。常见的招待会形式有冷餐会和酒会。

1. 冷餐会

冷餐会的菜肴以冷食为主,也有一些热菜。宾主可自由活动,可自取食物酒水,也可由招待员送上。冷餐会在室内或室外举行均可,可设小桌、座椅,也可不设座椅,规格和隆重程度视其情况而定,时间一般安排在中午12~14时,或者下午17~19时。

2. 酒会

酒会又称鸡尾酒会,以酒水为主,略备小吃,不设座椅,仅设小桌,宾主可以自由走动。举行的时间较灵活,中午、下午、晚上均可。客人可以自由选择入席、退席的时间。这种招待会形式轻松、活泼,便于客人之间的广泛接触与交流,时间也较灵活,是受年轻人喜爱的一种聚会形式。

(三)茶话会

茶话会是一种更为简单随意的会议宴请形式。通常在酒店的宴会厅、多功能厅或会议室等空间举行,设茶几、座椅,不排座次,时间一般在下午16时,也可定在上午10时左右。对茶叶、茶具有所讲究,茶具要用陶瓷器皿而不用玻璃杯,用茶壶而不用热水瓶。

(四)工作餐

工作餐也是一种非正式的会议宴请形式,在现代交际中经常被使用。这种宴请属于工作性质,出席者的配偶一般不参加,大家边谈边吃,快捷简便。如果是代表团,双边工作进餐时需要用长桌,并且按照会谈席位顺序入座,以便交谈。

二、会议宴请活动

(一)宴请的准备工作

确定宴请的目的、对象、范围和形式。

1. 目的

会议宴请的目的是多样的,可以为某一件事举办,也可以为庆祝某项活动举办,如代表团来访、庆祝纪念日、展览会开闭幕、工作交流等。明确了宴请的目的,才能确定选择哪种形式。

2. 名义和对象

会议宴请名义和对象的确定主要依据主客的身份。大型会议宴请一般以会议主办方名义发邀请，也可以个人名义发邀请；小型会议宴请可视具体情况而定，一般以个人或夫妇名义发邀请；工作餐也可以会议主办方名义邀请。

3. 范围

会议宴请范围是指邀请哪些方面的人士出席，请哪些级别的人，请多少人为宜，以及主人一方由谁出面作陪。会议宴请范围要兼顾诸如会议宴请性质、主客身份对等、惯例习俗等多方面因素，并在此基础上确定。如果主人以夫妇名义发出邀请，主宾应偕夫人（或丈夫）参加。作陪人也要认真推敲、综合考虑。对出席者要列出名单，写明职务、称呼等。

4. 形式

宴请的形式要根据宴请的对象、目的、范围进行确定。规格高、人数少的以会议宴会为宜，人数多则以冷餐会或酒会更为合适，知识界、妇女界、交友交往多用茶话会的形式。会议宴请的形式还要取决于活动目的、邀请对象以及经费情况等因素。

（二）确定会议宴请的时间和地点

会议宴请的时间应考虑选择主客双方都适宜的时间。不要选择在重大的节假日、有重要活动或有禁忌的日子和时间。还要考虑邀请对象的习俗和特殊性。会议宴请外宾时避开 13 日和星期五；在伊斯兰的斋月，会议宴请宜在日落后举行。

会议宴请的地点要按活动性质、规模、会议宴请形式、主人意愿及实际可能来选择。选择餐厅时，应特别留意餐厅的用餐环境。如餐厅的包间是否足够大，因为在一个相对宽松的空间里，气氛才能轻松；包间是否有独立的沙发区和卫生间，因为吃饭时客人一般不会同时到达，沙发可以给先到的人一个休息之处。而且沙发最好为 U 形或 L 形，因为不是非常熟悉的情况下，大家并不习惯在沙发上并排而坐，尤其是初次见面的人，保持一个礼貌的距离很重要。

（三）邀请

邀请的形式一般有口头邀请（包括电话邀请）和书面邀请。

1. 口头邀请

口头邀请就是当面或者通过电话把这个宴请活动的目的、意义，以及邀请的范围、时间、地点等告诉对方，然后等待对方的答复。口头邀请可以提前 2~3 天，开宴的当天应再次与对方联系、确认。

2. 书面邀请

即给对方发送请柬（或称请帖），将宴会活动的内容告知对方。请柬是一种比较正式的邀请形式，这样做，既是出于礼貌，也是对客人的提醒和备忘。请柬通常提前 1~2 周发出，以便被邀请者及早做出安排。

请柬内容应该包括活动的主题、形式、时间、地点、主人姓名。需要安排座次的会议宴请，往往要确定被邀请人是否能如约出席，对此可在请柬上注明，也可在请柬发出后用电话询问方式确定。正式会议宴会一般可在请柬或请柬信封上注明入席序号。

（四）布置宴会厅，安排席位

一般根据宴请的目的、宴会厅的形状和使用面积以及传统的礼仪习惯来布置和装饰会议宴会厅，其目的是为客人营造一个优美和谐的就餐环境。

1. 环境布置

主办方根据会议宴请活动的目的及性质，在会议宴会厅的正面上方挂一横幅，横幅一般用红布作底，红布上印出体现会议宴会目的的字样，如"欢迎××代表团光临""庆祝××公司成立"等。可根据会议宴请活动的要求，设置临时致辞台，安装好麦克风等。在会议宴会厅堂的四周，可适当摆放一些花卉，以烘托会议宴会的喜庆气氛。

2. 桌次安排

正式会议宴请的桌次安排颇为讲究，视参加人数多少可设一桌或多桌。一桌可使用圆桌或长桌；多桌时，中餐形式的会议宴请一般采用圆桌，西餐形式的会议宴请一般采用长桌，并分有主桌和辅桌。

中餐会议宴会桌次的安排不论桌次多少，其排列原则大致相同，即主桌确定后，其余桌次的高低排位以离主桌的远近而定。离主桌越近的桌次越高，离主桌越远的桌次越低；平行桌以右桌位为尊。

3. 席位安排

桌次确定好以后，就要安排出席人员的席位，以便宴会参加者各得其所，入席时井然有序，同时也是对客人的尊重和礼貌。

席位的高低与桌次的高低原则上要求基本相同，即右高左低，先右后左。按会议宴会礼仪要求，座席安排应男女穿插排列，以女主人为准。主宾在女主人右方，主宾夫人在男主人右方。我国习惯按个人职务高低安排席位，以便于交谈。

如果女主人出席会议宴会，通常把女方安排在一起，即主宾坐在男主人右方，主宾夫人坐在女主人右方。两桌以上的会议宴会，其他各桌中第一主宾的位置可以与主桌主宾位置同向，也可以面向主桌，当然，具体情况要具体对待。席位确定后，席位卡放在座位前方，桌次卡放在桌子中间。

还可以以通知的形式安排席位，方式如下：

较大型宴会，可在请柬上注明席次；中小型宴会，可在宴会厅门口放置席位图，标明每个人的座位，供参加者查看；小型宴请，可口头通知，或在入席时，由主人及招待人员引座。

（五）确定规格，拟订菜单

正式会议宴请前，应事先确定好会议宴请的规格，选择正式会议宴会、便宴或工作餐等，应根据会议宴请的目的，主宾身份、地位，被邀请对象的习俗及企业的经济状况确定。对于内容较正式的活动，一般应选择会议宴会的形式；如果是气氛轻松活泼的庆祝性、纪念性活动，可选择酒会；如果会议宴请规格不高，或规格虽较高但出席人员身份复杂，则可选择冷餐会；如果是为了商谈某项具体事宜，而时间又比较紧张，则可选择工作餐。

菜单的拟订要结合会议宴请的规格、时间和季节以及会议宴请对象的喜好和禁忌来进行。当然也要本着量力而行的原则，做到丰俭得当，既要注意通行的常规，又要照顾到地方特色。一桌宴席的菜单安排应有主有次，冷热荤素搭配得当。主菜显示了会议宴请档次的高低，还要略备些家常菜以调剂客人口味。菜单的安排以营养丰富、味道多样、搭配合适、令客人满意为原则。具体要注意以下几点：

1. 宴请的种类

正式宴会的菜单比较正规，突出主菜，冷热荤素兼顾，规格较高；自助餐、酒会的菜单，相对要简单一些。

2. 宴请的时间

晚宴比午宴、早宴隆重些，所以菜的种类也应该更丰富一些。季节考虑是指应时、应季、新鲜、特别。

3. 宾客的禁忌

比如海鲜虽名贵，但对于年岁较高、体质较差的客人来说，不宜多吃。同时，对民族或地方的禁忌风俗，也应有所了解，做到特殊对象特殊安排。

4. 订菜的方式

正规的宴会通常会有多种档次配菜供应，菜肴品种和价格是饭店设计好的，可以按照需要选择；也可不订套菜，自己设计菜单，以便更加适应客人的口味和宴会的需要。

5. 酒水的选用

酒水在宴请中的地位非常重要，素有"无酒不成席"的俗语。世界上各个国家、各个民族在饮酒方面都形成了自己的观念和方式。酒水与宴会的搭配原则如下：

（1）酒水的档次应与宴会的档次相符。宴会用酒应与其规格和档次相匹配。比如我国举办的国宴，往往选用茅台酒，其质量和价格与国宴相匹配；普通宴会则选用档次一般的酒水。若不遵守这一原则，在低档宴会上用高档酒做伴宴酒，则酒的价格在整桌菜肴之上，就会抢去菜肴风采，让人感到食之无味；若高档宴会选用低档酒水，则会破坏整个筵席的名贵气氛，让人对菜肴的档次产生怀疑。

（2）要有助于充分体现菜肴色、香、味等风格。人之所以习惯于在进餐时饮酒，是因为许多酒水具有开胃、增加食欲、促进消化等功能。菜肴与酒水搭配得当，能充分体现和加强菜肴的色、香、味。比如，西餐讲究"白酒配白肉，红酒配红肉"，较为清淡的鸡肉、海鲜，适宜配饮淡雅的白葡萄酒，二者交相辉映，互增洁白晶莹的特色；而厚重的牛肉、羊肉，适宜配饮浓郁的红葡萄酒，相互映衬，更显浓郁、香馥的风格。

不论是以酒佐食还是以食助饮，其基本原则是：赴宴者应能从中获得快乐和艺术享受。酒精含量过高的酒水对人体有较大的刺激，使人饮后食不知味，失去了佐助的作用。而配制酒、药酒、鸡尾酒的成分比较复杂，香气和味道比较浓烈馥郁，容易对菜肴的风味和风格产生干扰，故不作为佐助酒水。

三、宴请活动程序

1. 迎宾

举行宴会，主人应站在大厅门口迎接客人。官方正式活动，还可以有少数主要官员同主人夫妇排列成行迎宾，通常称为迎宾线。客人握手后进入休息厅，如无休息厅则直接进入宴会厅，但不入座。当主宾到达后，主人即陪同主宾进入休息厅。这时如有其他客人陆续前来，可由其他官员代表主人在门口迎接。

2. 小憩

客人刚到需要稍事休息，这段时间也可等待其他还没有到来的客人。这时可以准备茶水和擦洗手的湿纸巾。主人应该在休息厅里陪客人叙谈一会儿，等预定时间一到且主要客人也已到齐时就可以开宴了。

3. 入座

开宴时最需要注意客人的落座。可按先女宾后男宾、主宾在前一般来客在后的顺序依次入座。如果会议宴会规模较大，可请主桌外的客人先入座，贵宾席最后安排入座。如果事先已经安放了座位卡，也可按上述原则引座；如果没有安放座位卡，则需要有秩序地引领客人们入席，先主后次，一批一批地领到座位上。

4. 致辞与进餐

会议宴请上的祝酒和正式致辞通常安排在热菜之后、甜食之前进行。主人先发言，然后主宾发言，也有的祝酒词和致辞在一入席就开始。在主、宾双方讲话时无论是否喜欢听，都必须耐心安静地等他们讲完，等主人宣布开宴后（一般是以祝酒的方式宣布开宴）再用餐。当主、宾双方相互祝酒时，所有客人应举杯向主人示意，然后再在餐桌上相互交叉碰杯。

5. 宴会结束

会议宴会进行到尾声时，可上水果，吃完水果后，主人与主宾起立，宴会即告结束。主宾告辞，主人送至门口，主宾离去后，原迎宾人员顺序排列，与其他客人握别。

任务三　颁授仪式

一、颁授仪式的含义和作用

颁授仪式是指各种颁奖、授勋等活动的仪式。目前，许多国家或国际组织都设立了各种勋章、奖章、荣誉称号、奖励基金，用来授予本国、外国或组织内部领导人、社会活动家、专家学者、劳动模范、先进工作者、各种竞赛或评选活动的优胜者等，以表彰他们在某个领域做出的卓越贡献，同时，通过树立正面典型，弘扬时代精神，鼓舞人们积极向上、不断进取。颁授仪式有时也是一种公关活动，有助于国家、社会组织树立自身的形象。

二、颁授仪式的准备

社会上各种授勋和颁奖活动名目繁多、形式多样，既可以单独举行，也可以作为会议活动中的一项程序出现，或在会见、会议宴会或有群众参加的演讲会等场合进行。无论以何种形式举行，一般都要做好以下准备工作。

1. 确定出席对象和范围

颁授仪式的出席对象应当根据颁授仪式的性质、级别和目的来确定，如举行涉外授勋和颁奖仪式，应当邀请有关国家的代表和国际组织人士参加。勋章和奖章级别较高的颁授仪式，参加者的身份要与之相适应。如 1996 年 12 月 10 日是瑞典发明家、企业家诺贝尔逝世 100 周年的纪念日，为此瑞典在斯德哥尔摩音乐厅举行了隆重而又庄严的颁奖仪式。瑞典国王、议长、首相以及著名科学家、作家、社会名流和各国使节 1800 人出席了仪式，体现了对知识以及诺贝尔奖的尊重。

2. 确定授勋人、颁奖人和主持人

勋章、奖章、荣誉称号和奖励基金的等级和社会影响是确定授勋人、颁奖人（又称主礼人）身份的主要依据，如国家级勋章或奖章应当由国家元首亲自授予，大学中荣誉教授的称号应当由大学的校长亲自授予。如果授勋或颁奖的对象及等级较多，要考虑各等级的授勋人或颁奖人的身份。有时请身份较高和知名度较大的人士授勋和颁奖，以提高颁授仪式的社会影响力。

主持人要有一定的身份，一般由主办方承担。社会性评选活动的颁奖仪式，可以聘请一些明星担任主持嘉宾。

3. 锁定颁奖或授勋仪式的形式

颁奖或授勋仪式的形式应当根据颁奖或授勋的性质来确定。重要的学术性颁奖或授勋仪式一定要办得庄严、隆重，如诺贝尔颁奖仪式每年举行一次，尽管形式年年如此，

却始终给人庄重、典雅、气派的感觉。而一些艺术类的颁奖活动却可以借助绚丽多彩的晚会形式，如文艺表演、明星捧场等，以营造轻松、欢快、前卫的气氛。当然，目前也有许多颁奖仪式搞得十分简朴，这也是应该提倡的。

4. 发出邀请或通知

主办方一般以书面形式向出席对象发出邀请或通知，其方法可参考举行开幕式的做法，重点是做好领受人的邀请或通知。邀请信或通知中要明确说明领受人是否必须亲自参加，如领受人本人因故不能亲自前来领奖，是否可以委派他人代领。给领受人的邀请信或通知应当附上回执，以便掌握领受人的出席情况，便于做好接待工作。

5. 现场布置和物品准备

颁授仪式繁简不一，现场布置的要求也不尽相同。一般来说，授勋或颁奖仪式宜在室内举行，会场要根据事先的要求进行布置。不同类型的仪式要体现不同的风格，如举行科学技术奖颁奖仪式，为达到宣传教育的目的，应选择较大的会场，以便容纳较多的人；晚会类颁奖仪式可安排在演播大厅、剧院等地点举行，以便会后举行文艺演出。

重要的颁授仪式现场要升、挂国旗。向外国的政府官员授勋，可悬挂双方国家的国旗。

颁奖或授勋仪式也可以布置会标，会标要醒目，应写明颁授仪式的内容或性质。

简单的颁授仪式，主席台可以不设桌椅，由颁授人和领受人相对站立进行。大型颁授仪式，颁授人和领受人在主席台的右侧，并配备话筒。晚会类的颁授仪式设舞台，不设主席台，领导人、主礼嘉宾、领受人均坐在观众席的前排，舞台上设立讲台，供主持会议和讲话、致辞时使用。

要根据授勋或颁奖的内容准备好勋章、奖章、奖杯、奖牌、奖状、奖金支票以及鲜花、托盘（盛放奖章和奖品等）、音乐伴奏带等物品。奖状的书写一定要规范，具体写明领受人的姓名，奖励的项目名称、等级，发证机关名称，发证日期，并加盖发证机关的印章。颁授对象较多时，勋章、奖杯等物品可以放在主席台的桌上，并与每个颁授人的座位相对应。颁授对象较少时，可以由礼仪人员在颁授仪式开始时，用托盘将奖品端上，由颁授人一一颁授。专门举行的颁授仪式，还要做好签到等各项准备工作。

三、颁授仪式的程序

1. 群众代表先入场就座；
2. 观礼嘉宾签到，礼仪人员引导入座；
3. 主持人或主礼嘉宾以及颁授对象入座；
4. 主持人介绍主要领导人和来宾；
5. 主持人宣布仪式开始；
6. 全体起立，奏国歌（涉外颁授仪式可安排仪仗队护送两国国旗与勋章进入会场，将两国国旗竖立在主席台两侧，由乐队奏两国国歌）；

7. 主办方可宣布颁奖或授勋决定；

8. 主持人或主礼嘉宾向颁授对象颁奖或授勋（颁授对象较多时，可以依次分批颁授，一般从低等级颁奖开始，最后颁授最高等级的奖项。在分批颁授时，工作人员要细心引导，使每个颁授对象上台后与各自的颁授人的位置准确相对应，以免出现发错奖的情况）；

9. 安排少年儿童或女青年献花，也可由颁奖人亲自献花，以示崇高的敬意和诚挚的祝贺；

10. 颁授对象的代表致答谢词；

11. 群众代表致辞；

12. 主办方领导致辞；

13. 主持人宣布仪式结束。

任务四 签字仪式

签字仪式是一个组织与对方经过会谈、协商，形成了某项协议或协定，再互换正式文本的仪式。它是一种比较隆重的活动，礼仪规范也比较严格。

一、签字仪式的作用

1. 确定会谈文件的效力

签字是对特定的书面意见表示确认的行为，会谈中产生的正式文件只有经过会谈各方的签字才能生效。因此会谈的最后文件一般都要举行签字仪式正式签署，以示确认并据此生效。从这点上说，签字仪式是谈判性会议的延续。当然，并不是所有会谈的最后文件都要举行签字仪式，只要签字盖章就具有法定效力了。

2. 体现各方对会谈成果的重视

签字仪式是对会谈文件进行签字的一种比较隆重的形式，有时各方还派出身份较高的领导出席，因此，只有在会谈各方对会谈成果满意时才会举行。举行签字仪式本身说明了会谈各方的诚意，体现了各方对会谈成果的重视。

3. 见证和扩大影响

举行签字仪式时，签字各方都要派代表参加，有时还邀请第三方作为见证人。邀请记者前来采访并作宣传报道，既强化了见证的作用，又扩大了影响，有利于树立签字各方的形象。

二、签字仪式的类型

签字仪式一般分为双边签约仪式和多边签约仪式两大类。参加双边签约仪式的主体通常是甲乙双方，而参加多边签约仪式的主体通常是两个以上的组织。

三、签字仪式的准备

（一）文本准备

签字仪式是记录各方达成共识和在协议的文本上签字，因此，所要签字的文本是签字仪式的对象，必须经过精心制作，精心准备。一般来说，文本的准备需做好以下几项工作：

1. 在正式签署合同之前，举行签字仪式的主方负责准备待签的合同的正式文本。并应会同有关各方一起指定专人，共同负责合同的定稿、校对、印刷与装订工作。外交方面的签字文本需事先加盖火漆印。按常规，应为在合同上正式签字的有关各方均提供一份待签的合同正本。必要时，还可向各方提供一份副本。一般情况下，副本不用签字、盖章或只盖章、不签字。

2. 签署涉外商务合同时，按照国际惯例，待签的合同文本应同时使用有关各方法定的官方语言。按照主权平等的原则，用这两种文字书写、印刷的文本具有同等效力。必要时还可以使用第三种文字。

使用多种文字起草和印制文本可能对某些条款产生不同理解和解释时，应当规定以一种文字为准。如《保护工业产权巴黎公约》第 29 条第一项规定：本议定书仅在一个法文原本上签字，并递交瑞典政府保存。正式文本要由总干事与有关政府协商后，以英、德、意、葡、俄、西以及大会指定的其他文字制定。如对各种文本的解释有不同的意见，应以法文文本为准。

3. 待签的合同文本，应以精美的白纸印制而成，按大八开的规格装订成册，并以高档质料，如真皮、金属、软木等作为封面。

4. 涉外签字文本的印制应特别注意在先权的问题，主要有以下几个方面：

（1）本国的文字文本在先

涉外双边会谈的签字文本如用双方的文字同时印制，那么在本国保存的文本中，应将本国的文字文本置于前面，对方的文字文本列于后面。比如，中美双方签署文件，在中方保存的文本中，中文在前，英文在后；美方保存的文本中，英文在前，中文在后。

（2）本国国名在先

双边会谈签字文本中并提双方国名或领导人（全权代表）姓名时，在本国保存的文本中，本国的国名和领导人姓名应当列在前面。如《中华人民共和国和日本国和平友好条约》是中方保存的文本标题，中国的国名在先，而日方保存的文本标题就正好相反，为《日本国和中华人民共和国和平友好条约》，这种做法又叫"倒版"。

（3）在本国签字在先

涉外双边签字缔约，本国全权代表签字的代表应当安排在本国保存的文本签字处的前面（从右向左竖排文字则在右侧），如果双方签字的文字文本是左右并排，则安排在左边，这种惯例也称为"优先签字"。如中美双方签字，中方保存的文本，无论是中文文字文本还是英文文字文本，中方全权代表签字的位置在前，美方签字的位置在后。

（二）签字仪式人员的确定

1. 签字人员

签字人是代表一个国家、政府或企业进行签字的人员。签字人应视文件性质由签约各方确定。各方签字人员的职务和身份应当一致或大致相等。如企业之间举行签字仪式，一方由董事长签字，另一方也应当由董事长出面，没有十分特殊的情况，不应当派级别较低的人员签字。

2. 见证人

见证人主要是参加会谈的人员，各方人数应当大致相等。有时也可邀请保证人、协调人、律师、公证机关的公证人员参加。

3. 助签人

助签人的主要职责是在签字过程中帮助签字人员翻揭文本，指明需要签字之处，由于涉外签字的文本由中外文印成，各方签字的位置不一，一旦签错，就会造成文本作废，甚至导致签字仪式的失败，故助签人必须参加谈判的全过程，参与文本的整理、起草和制作工作，非常熟悉业务，认真仔细，忠实可靠。双边签字时，双方助签人的人选应事先商定；多边签字时，也可由主办方派一名助签人，依次协助各方签字。

目前，许多饭店、宾馆和会议中心都推出签字仪式礼仪服务，派礼仪小姐当助签人，这仅适用于一些喜庆性的签字仪式，而且事先一定要对礼仪小姐进行培训，使其熟悉文本并了解签字程序。

4. 群众代表

有时为了充分发挥签字仪式的鼓动和宣传教育作用，可邀请主办单位或双方单位的部分群众代表参加，以鼓舞员工的士气。

5. 主持人

如果在签字仪式中安排了各方领导致辞等活动，应当安排一位主持人向全体与会者介绍致辞人的身份，这样比较适合。主持人一般由主办单位一方人员担任，但具体人选应当同其他各方协商决定。

（三）物品准备和现场布置

（1）签字桌椅

双边签字一般设长方桌，上铺深绿色或暗红色、白色等干净整洁的台布，桌后放两把椅子作为双方签字人员的座位。如签字方较多，则可加长桌子，增加座位。

签字桌上可放置各方签字人员的座席卡，座席卡一般写明签约的国家或组织的名称、签字人的职务及姓名。涉外签字仪式应当用中英文两种文字标识。

（2）国旗

涉外签字仪式一般要挂各签字国的国旗。双边签字，双方的国旗可以按签字人的座位插在签字桌中央的旗架上面，也可以分别插于签字桌的两端或并挂在背面的墙上。举行多边签字仪式，则插在各方签字人座位前的桌上或身后，如现场有会标，国旗不应遮挡会标。

（3）文具

签字用的文具包括钢笔、墨水、吸墨器（纸）。签字所用的笔和墨必须符合归档的要求，签字笔要防止墨水堵塞，确保签字时书写流畅。

（4）文本

各方保存的文本置于各方签字人座位前的桌子上。

（5）参加人员位置

双边的缔约，参加签字仪式的人员按惯例分别站立于签字人员后面左右两边，各方身份最高的领导人并排站立于中间，其他人员则按双方职务高低向两侧顺序排列。人数较多时，可分成若干排站立于前低后高的梯架上。

（6）讲台

如果签字仪式还安排各方领导致辞，可在签字桌的右侧摆放讲台，也可不设讲台而放置落地话筒。

（7）会标

签字仪式的会标要醒目，书写方法有两种：一种是由签约双方名称、签字文本标题和"签字仪式"或"签约仪式"组成；另一种由签约各方的名称、签约内容和"签约仪式"等内容组成。

（8）香槟酒

在签字仪式结束后，各方有时会举行小型酒会，举杯共庆会谈成功。工作人员应事先准备好香槟酒、酒杯等。

（四）签字仪式的程序

签字仪式是签署合同的高潮，它的时间不长，但程序规范、庄严、隆重而热烈。签字仪式有以下几个程序：

1. 启动签字仪式的准备工作

（1）选好签字地点，即签字厅。

（2）确定签字日期。

（3）布置签字厅。

（4）在签字桌上，循例应事先放好待签的合同文本，以及签字笔、吸墨器等签字时所用的文具。

（5）签署涉外商务合同时，还需在签字桌上插放有关各方的国旗。插放国旗时，在其位置与顺序上必须按照礼宾序列。例如，签署双边性涉外商务合同时，有关各方的国旗需插放在该方签字人座椅的正前方。

（6）准备好酒水。

（7）选派两个助签人员和若干礼仪小姐。

（8）通知相关人员出席仪式。

2. 签字仪式开始

（1）请双方人员进入签字厅。

（2）签字人员入座，客右主左。

（3）助签人员分别站立于签字人员的外侧，协助己方主签人翻文本，指明签字处，协助交换文本。其他人员分主方、客方按身份顺序站立于签字人座位的后排，客方人员按身份由高到低从中间向右边排，主方人员按身份高低由中间向左边排。当一行站不完时，可以按照以上顺序并遵照"前高后低"的惯例，排成两行、三行或四行。

通常的做法是，首先签署己方保存的合同文本，接着再签署他方保存的合同文本。

商务活动规定：每个签字人在签署己方保留的合同文本时，按惯例应当名列首位。因此，每个签字人均应首先签署己方保存的合同文本，然后再交由他方签字人签字（由助签人交换）。这一做法在礼仪上称为"轮换制"，其含义是在位次排列上，轮流使有关各方均有机会居于首位一次，以显示机会均等、各方平等。

签完字后，各方签字人应握手互致祝贺，并相互交换各自一方刚才使用过的签字笔，以示纪念。全场人员应鼓掌表示祝贺。

（4）礼仪小姐送上香槟酒或其他红酒，主客双方干杯以表祝贺。交换已签的合同文本后，有关人员尤其是签字人应当场干一杯香槟酒，这是国际上通行的用以增添喜庆色彩的做法。

（5）双方简短致辞（主先客后）后合影留念。

一般情况下，商务合同在正式签署后，应提交有关方面进行公证，此后才算正式生效。

任务解决

此次会议活动比较复杂，涉及酒店其他多种形式的会议活动服务，但这些会议活动也是常规商务活动中经常遇到的。要为此次会议活动制订方案，必须厘清思路。首先，应该了解签字仪式的基本知识和签字仪式的程序，才能策划出签字仪式活动方案并有效组织签字仪式；其次，熟悉宴请活动的操作流程，确定宴会的主题，编排桌次和席位，确定菜单等，才能草拟出宴请活动的方案；最后，了解开幕式、闭幕式的程序，颁授仪式的程序，才能确保新品推介会的圆满完成。

实训任务

××酒业集团拟举办"××酒业集团成立10周年庆典酒会",请设计和筹备本次酒会活动。

任务分析:

为使本次庆典顺利圆满完成并达到预期效果,可以考虑设计方案中体现四个方面的活动。

1.10周年庆典是比较隆重的,因此可以考虑设计开幕式和闭幕式活动,邀请明星来主持,并筹备文艺活动,展现员工风采;

2. 庆典活动中可以考虑设计颁奖仪式,奖励10年来表现优异的员工,起到树立榜样、激发士气的作用;

3. 可以安排签约仪式,在庆典活动前已联系好的客户公司可利用庆典活动进行签约;

4. 答谢新老客户宴请活动。

操作步骤:

1. 撰写庆典活动开幕式、闭幕式方案。

2. 撰写颁授仪式方案。

3. 撰写签约仪式方案。

4. 撰写宴请活动方案。

项目内容小结

开幕式、闭幕式,颁授仪式、签字仪式、宴请活动都是常规商务活动中非常重要的会议活动。在非常大型、隆重的会议活动中可能会同时涉及四个方面的活动,一般情况下会涉及两个或以上的活动。尤其是宴请活动和签约仪式活动。宴请是商务活动中最常见的交际形式之一,具有沟通协调的重要作用,是人与人之间、人与组织之间、组织与组织之间交往的重要手段和桥梁。无论是普通的便饭还是隆重的宴会,都体现了企业的公关理念,也反映出会务人员的礼仪水准和组织能力,因此了解宴请活动的基本知识,熟悉宴请活动的流程,对宴请活动的顺利举行有着重要作用。签字仪式是一个组织与对方经过会谈、协商,形成了某项协议或协定,再互换正式文本的仪式,是一种比较隆重的活动。

自我评估

参照四种形式会议活动的服务流程,分析自己还需从哪几个方面提高才能顺利圆满地设计出活动方案。

案例精选

案例1

2015年××展会开幕式策划方案

1. 构成：由时间、地点、要求、预计人数、会场布置和议程安排等六项内容构成。

2. 内容

（1）时间：2015年9月28日上午9：55～10：26

（2）地点：××市闽中汽车城

（3）要求：规模与省级同类展销会相当；仪式要求热烈、隆重、朴实、大方。

（4）预计参加人数：3500人（省、市领导30人，特邀嘉宾50人，境内外客商500人，市政府各部门及各县（市、区）政府领导、相关部门人员300人，参展参会人员500人，新闻记者30人，工作人员30人，各界群众2030人，军乐队30人）。

（5）会场布置

■主席台：

▲规格：为16米×8米，钢管构架，安全可靠，建筑模板铺台，红色地毯铺面。

▲款式：由主台及两个副台构成，形成两进两出错层，落差自然有序，主台突出，副台庄重，主次分明，整体感强。

▲背景规格：高5米，宽16米；以新××、新形象为主题，配上会标及9.28××投资贸易洽谈会暨商品展销会开幕仪式字样，采用双层布置，第一层为红灯箱布配以白色立体字，底层为彩色喷绘主要以赞助企业形象产品为背景。

■主席台前：用鲜花盆构成一个立体花坛。

■闽中汽车城广场入口处：由一组8个充气拱门组成迎宾大道，"热烈祝贺9.28××投资贸易洽谈会暨商品展销会隆重举行"，左右各立灯笼柱一个。

■闽中汽车城上空、墙面及广场：悬挂兄弟省、市及企业祝贺布条、广告气球。

■闽中汽车城围墙：现有围墙在竣工时除根据需要留出进出口及消防通道外，其余予以封闭，为渲染气氛，对围墙进行彩色喷绘。因商品展销会规模大，人流量大，这样有利于大会现场进出口人流有序及参展活动的安全。

（6）议程安排

①司仪（××电视台节目主持人）介绍大会情况，9：55～10：00。

②主持人（市政府分管领导）介绍出席仪式的领导、来宾，10：00～10：03。

（主持人：2015××商品展销会开幕仪式现在开始，首先，向大家介绍应邀参加今天开幕仪式的领导、来宾，他们有：依序从国家至省、地、市，让我们对他们的到来表示热烈的欢迎！）

③市委×书记致欢迎辞，10：03～10：10。

（欢迎辞：一是对国内外及港澳台客商应邀出席本次展销会表示欢迎；二是主办这一活动的目的，展示××市这几年来商品经济迅猛发展的良好局面，突出"新××，新形象"；三是请来自五湖四海的朋友共同为××的发展出谋划策，让××的企业走出××！面向全国！融入世界经济大潮中去……）

④境外客商代表或团组负责人讲话，10：10～10：16。

（展销会的举办体现××市委、市政府对发展××经济的高度重视，通过举办展销会为企业创造一个良好的平台，并邀请了众多的国内外客商参加活动为××企业走向全国，与世界接轨提供了良好的桥梁和纽带，作为境外客商，对这一活动十分重视，希望通过这一活动把××产品介绍给各界朋友，为建设美好的新××而携手合作！）

⑤省领导讲话（或省相关主办单位代表发言），10：16～10：22。

（对××市成功举办如此大规模的商品展销会表示祝贺，展销会汇聚了××市各行各业的精英，这些企业为××市经济的发展做出了重大的贡献；展销会是××市委市政府为××企业搭建了一个展示企业风采的大舞台，我们希望参展企业把这台戏唱好唱活，把这次展销会办成富有成效的大会，而且一届比一届更好！）

⑥请领导为开幕仪式剪彩，10：22～10：25。

（主持人宣布为开幕仪式剪彩，礼仪小姐8～10人手持剪彩礼花、托盘、剪刀、彩球走入指定位置请领导为开幕仪式剪彩。鸣放礼炮、放飞彩球、威风锣鼓、军乐队齐奏等）

⑦庆典仪式结束，请领导、来宾参观展销会，10：26。

案例2

黑龙江鑫财集团有限公司成立10周年商务宴请酒会策划方案

一、活动背景

黑龙江鑫财集团成立于2005年，自成立以来，公司一直秉承追求卓越，锐意进取，回报社会的理念和"上善若水，予人得缘"的企业哲学致力于本企业的发展和地方经济的建设，在广大客户和友谊企业的支持下取得骄人的成绩。现值本企业成立10周年之际，特举办本次宴请活动，以此感谢各位关心鑫财成长的相关人士的厚爱与支持。

二、活动的目的及意义

为庆祝鑫财集团成立10周年，特在黑龙江省哈尔滨市香格里拉大酒店于2015年10月10日上午11点钟举办酒会宴请庆祝活动，鄙公司董事长朱军先生特邀您携亲属届时莅临。借此机会，加强与客户和相关支持者的联系和互动。为鑫财以后的发展，做大做强奠定坚实基础。

三、黑龙江鑫财集团商务宴请的相关事宜

（一）宴请的名义、范围、形式

1. 宴请名义：以集团成立10周年酒会的名义发出邀请函。

2. 宴请范围：主要是一些友好企业的董事长和总经理以及一些重要的客户及客户的太太（或女友、舞伴），共计 500 人。

3. 宴请形式：酒会形式包括自助晚餐、酒会及舞会、精彩演出、抽奖等。自助餐除场地方提供各种酒类、饮料、果汁、食品外，还包括市内知名的餐馆提供的特色小吃及美食，户外由工作人员进行现场烧烤等提供给客人，食品种类可达 100 种，自助餐约 60 分钟。酒水包括鸡尾酒、啤酒、葡萄酒、香槟酒、白兰地酒、威士忌酒、白酒等。酒会及舞会约 60 分钟。精彩演出除邀请广州交响乐团演奏背景音乐外，因客人喜好不同，还提供各专业团体的精彩演出，如获金狮奖广州杂技团的节目、芭蕾舞、歌舞、魔术等表演。

（二）宴请时间

2015 年 10 月 10 日 18：30 正式开始至 2015 年 10 月 10 日 22：20 结束。

（三）宴请地点

哈尔滨市圣水湾度假村

（四）发出邀请函

2015 年 9 月 30 日前向邀请嘉宾发出邀请函。邀请函内容如下：

封面文字内容：
 黑龙江鑫财集团成立十周年商务宴请酒会邀请函
内页文字内容： 尊敬的 ×××： 　　您好！感谢您一直以来对我集团工作的支持与信赖！在集团成立十周年之际，想要举办一场商务宴请酒会，举办地选在风景如画的圣水湾度假村，受邀到会的有省市领导，参加酒会的来宾以我集团的重要客户为主，来宾中有工商、企业、科技、文化、教育等各行业领导和代表，及我集团各级领导。酒会准备了丰富的美食，安排了浪漫的舞会时间、大型的文艺演出、抽奖活动、烟花表演等，您还可以根据参会人员名单结识更多的成功人士，我公司职员可为您引荐。酒会定于 2015 年 10 月 10 日 18：00~22：20 举办，请携您的爱人或舞伴一同前往，酒会定会带给您难忘的记忆！敬请光临！ 　　　　　　　　　　　　　　　　　　　　　　　　　　　　黑龙江鑫财集团敬上

（五）现场布置

会场装饰：会场四处及酒会舞会以灯笼、彩带、彩灯等饰品装饰。

灯笼 300 个、彩带若干、彩灯若干

灯光设备清单：射灯 50 只（各 750 瓦）、回光灯 8 只（各 2500 瓦）、天幕灯 4 只

（各 1500 瓦）、扫描电脑灯 6 只（各 1250 瓦）、摇头电脑灯 6 只（各 1250 瓦 ）、频闪 2 只（各 2500 瓦）、追光灯 2 只（2500 瓦）、烟机 2 台、泡泡机 1 台、干冰机 1 台、纸炮 6 发 、冷烟花 10 米、灯光架若干。

音响设备：美国百威双十五寸全频音箱 4 只（各 800 瓦）、美国百威返送音箱 2 只（各 250 瓦）、美国百威专业功放 3 台 、影碟机 3 台、16 路调音台 1 台、前置 1 台、混响器 1 台、效果器 1 台、均衡器 1 台、无线咪 6 支、有线咪 6 只、机箱、线材等。

（六）宴请酒会内容

18：30~19：00 来宾签到。

19：00~19：15 介绍主要来宾及主要领导致辞。

19：15~20：15 酒会开始，提供国际美食自助餐、现场来宾自由交流。

20：15~21：00 交谊舞会。

21：00~22：10 精彩文艺表演、抽奖。

22：10~22：20 户外大型烟花汇演。

（七）嘉宾着装

男士可着正装、唐装等，请勿着便装、牛仔裤、运动鞋。

女士可着晚装、时装、礼服、民族服装等。

（八）舞会曲目

待定

（九）文艺表演节目单（拟定）

21：00~21：05 大型歌舞	表演：南方歌舞团
21：05~21：15 杂技 软功《梅》	表演：广州杂技团
21：15~21：25 大型芭蕾舞剧《舞姬》	表演：广州芭蕾舞团
21：25~21：35 魔术	表演：广州杂技团
21：35~21：45 大型杂技《晃圈》	表演：深圳宝安艺术团
21：45~21：50 歌曲《好日子》	表演：南方歌舞团
21：50~21：55 大型歌舞《喜气洋洋》	表演：南方歌舞团
21：55~22：05	抽奖

（以上节目因没有用演出团的全部节目，如遇演出团接了其他大型演出不能参加，节目会随时修改）

四、工作人员

（一）筹划组若干人

负责酒会全部工作的安排。

（二）酒会主人

由集团员工组成，负责联络客人及酒会时接待客人，与客人进行交流并引荐客人互相认识，同时员工也可与爱人或舞伴或同事共同出席。

（三）工程组若干人

负责会场布置、舞台、灯光、音响设备等。

（四）服务组若干人

负责酒会的服务工作（由场地方提供）。

名模3人：担任嘉宾主持，并作为酒会客人与客人进行交流，接受客人的邀请共舞，接受与客人的合影等。

国际舞明星4人：在舞会时带领客人跳舞，并可接受客人邀请共舞。

礼仪组10人：负责酒会迎宾、接待，为有需要的客人服务。

摄像师2人：拍摄酒会全过程，录制酒会重要来宾精彩片断，为有需要的客人录制活动片断。

摄影师2人：拍摄酒会的精彩镜头，拍摄重要来宾的精彩镜头，为有需要的客人拍照纪念。

（以上工作人员应熟悉详细的工作须知，各组工作须知详细资料待定）

五、项目报价金额（元）

项目	数量	金额（元）
名模	3人	15000
国际舞明星	4人	6000
广州交响乐团	18人	26000
广州杂技团	4人	10000
南方歌舞团	15人	25000
深圳宝安艺术团	9人	12000
广州芭蕾舞团	13人	20000
南方电视台主持人	2人	8000
其他：舞台、灯光、音响	/	20000
烟花汇演	/	10000
会场装饰	/	8000
摄像师	2人	3600
摄影师	2人	1600
礼仪	10人	3000
网站制作	/	3000
请柬及邀请函制作	/	5000
参会人员名单表	/	500
演员、工作人员晚餐	/	2000

项目	数量	金额（元）
胶卷	40 个	880
冲洗费	3000 张	2400
录像带剪辑费	/	1000
VCD 刻录费	500 张	1500
不可预测费用	/	10000
场地及餐饮费	/	100000
交通接送租车	/	5000
抽奖奖品	/	5000
合计	/	304480

六、筹备进程

8 月 20 日前确定举办场地时间。

8 月 25 日前确定所有演员及节目单。

8 月 30 日前确定所有酒会菜单、酒水。

9 月 5 日前确定会场布置方案。

9 月 10 日前确定所有工作人员。

9 月 15 日前制作好酒会网站。

9 月 20 日前对所有工作人员进行培训。

9 月 25 日前筹备好酒会的全部工作。

9 月 30 日前发出邀请函。

10 月 1 日前基本确认参会人员。

10 月 3 日前制作印刷好参会人员名单。

10 月 5 日前确定好接送交通车。

酒会前一天确定全部工作准备完毕，对所有参会工作人员培训指导。

酒会前一天晚上布置好会场及舞台灯光音响。

案例 3

习近平在 G20 杭州峰会欢迎宴会上的致辞

尊敬的各位同事、各位来宾、女士们、先生们、朋友们：

大家晚上好！

这是一个让人期待的夜晚，在二十国集团领导人第十一次峰会召开之际，我们相聚西子湖畔。我谨代表中国政府和人民、代表我夫人，并以我个人名义，对各位贵宾的到来表示热烈的欢迎。

杭州素有"人间天堂"美誉，湖光山色、人文美景俯拾皆是，西湖十景或近观或远眺，引人无限遐思，流连忘返。连通这些美景的是一座座历史悠久、造型优美的桥，本届峰会会标的设计灵感就来源于此。

二十国集团就宛若一座桥，让大家从四面八方走到了一起。这是一座友谊之桥，通过这里我们把友谊的种子播向全球，增进互信、互爱，让彼此的距离不再遥远；这是一座合作之桥，通过这里我们共商大计、加强协调、深化合作、谋求共赢；这是一座未来之桥，通过这里我们同命运、共患难，携手前行，共同迎接更加美好的明天。

杭州，与在座各位的国家有着密切的联系，我在这里举几个例子：

400多年前，1583年，意大利人利玛窦来到中国，他于1599年记述了"上有天堂，下有苏杭"的说法，据说这是首个记录、传播这句话的西方人。也是400年前，德国的克雷菲尔德市就同杭州开始了丝绸贸易。

140年前，1876年的6月，曾经当过美国驻华大使的司徒雷登先生出生于杭州，在中国生活了50多年，他的骨灰就安放在杭州半山安贤园。

90多年前，1924年4月，印度诗人泰戈尔先生游览了西湖，特别喜欢并写下了不少诗，其中一首写得很好，"山站在那，高入云中，水在他的脚下，随风飘荡，好像请求他似的，但他高傲地不动"，他还表示想在西湖边买个小屋，住上几天。

20多年前，1992年10月，南非前总统曼德拉先生来到杭州，游览了西湖后表示，"愿意在这里住上一辈子"。

此时此刻，我们汇聚杭州，承载着各国人民的厚望和期待。我们为了共同的使命而来，当前是世界经济和国际经济合作的重要转折点，二十国集团要勇于担当、敢为人先，构建创新、活力、联动、包容的世界经济，引领新一轮强劲增长。

我们为了更紧密的伙伴关系而来，同舟共济的伙伴关系、伙伴精神是二十国集团最宝贵的财富。我们要秉持共赢理念，着眼促进增长和发展的长远目标，不断增进理解、扩大共识、凝聚合力。

我们为了人类命运共同体的愿景而来。当今世界正在发生前所未有的深刻变革，二十国集团有责任引领世界前进步伐，有责任带动全球发展潮流，有责任为实现人类共同繁荣和进步做出更大贡献。

尊敬的各位同事、女士们、先生们、朋友们，我们知道，二十国集团成员具体国情、发展阶段不同，就像杭州的山山水水，各具其态；世界经济的起落波动，就像西湖的晴晴雨雨，乍起还歇。共同应对复杂局面，绝非易事，但只要我们不畏浮云、极目远望，就能看到山明水秀、无处不美的景色。只要我们彼此包容，守望相助，就能无论晴时好、雨时奇都坚定前行，共抵彼岸。

秋日的杭州，仍可感受到夏季的热情。看到盛开的荷花，中国宋代诗人曾描写西湖荷花是"接天莲叶无穷碧，映日荷花别样红"。今天下午，我们已经开始了富有成效的讨论，明天的交流同样令人期待。钱塘江，我们路过了，最具魅力的是七八月的潮水。我们二十国集团领导人齐聚钱塘江畔，要做世界经济的弄潮儿，以我们的智慧引领世界发展潮流，为全球经济治理书写新的篇章。

现在我提议，大家共同举杯，为世界经济的美好未来，为二十国集团携手合作，为杭州峰会圆满成功，也为各位嘉宾和家人的健康，干杯！

参考文献

［1］江金波．会展项目管理：理论、方法与实践［M］．北京：清华大学出版社，2014.

［2］胡伟，成海涛，王凌主编．会议管理2版［M］．大连：东北财经大学出版社，2013.

［3］欧阳国忠．活动策划实战全攻略［M］．北京：清华大学出版社，2013.

［4］杨瑞．节事活动管理实务［M］．北京：机械工业出版社，2013.

［5］郑建瑜．大型活动策划与管理［M］．重庆：重庆大学出版社，2013.

［6］王瑞成，成海涛．会议组织与活动策划［M］．武汉：华中科技大学出版社，2012.

［7］李艳婷．现代会议组织与服务［M］．北京：中国人民大学出版社，2012.

［8］张晴．会展设计表达［M］．上海：格致出版社，2011.

［9］肖温雅．会展营销实务［M］．北京：机械工业出版社，2011.

［10］高永荣．会议服务［M］．北京：清华大学出版社，2011.

［11］葛红岩，施剑南．会议组织与服务［M］．上海：上海财经大学出版社有限公司，2011.

［12］徐志坚，黄礼彬，吴杰机．会务不简单［M］．广东：广东人民出版社，2011.

［13］王瑞成，张春玲．秘书思维训练［M］．重庆：重庆大学出版社，2011.

［14］上海市职业培训研究发展中心．职业技能鉴定考核指导手册：会务接待服务员（四级）［M］．北京：中国劳动社会保障出版社，2010.

［15］张丽．会务组织［M］．北京：北京师范大学出版社，2011.

［16］向阳，强月霞．会议策划与组织［M］．重庆：重庆大学出版社，2010.

［17］胡伟，王凌，成海涛．会议与商务活动［M］．北京：科学出版社，2010.

［18］刘松萍，吴建华．会展文案［M］．天津：南开大学出版社，2010.

［19］张玉明．会展服务管理［M］．广东：中山大学出版社，2010.

［20］刘菘萍．会展服务与管理［M］．北京：科学出版社，2009.

［21］金正昆．接待礼仪［M］．北京：中国人民大学出版社，2009.

［22］韦晓军．会展文案写作［M］．重庆：重庆大学出版社，2009.

［23］黄向，李正欢．会展管理：原理、案例［M］．广东：暨南大学出版社，2009.

［24］谢浩萍．会议服务［M］．上海：格致出版社，2008.

［25］游上，郭松林．饭店活动策划与管理［M］．北京：旅游教育出版社，2008.

［26］郑建瑜．会议策划与管理［M］．天津：南开大学出版社，2008.

［27］马克斌．会展典型案例精析［M］．重庆：重庆大学出版社，2007.

［28］胡平．会展管理概论［M］．上海：华东师范大学出版社，2007.

［29］陆永庆．现代会务服务［M］．上海：上海交通大学出版社，2005.

［30］河南瑞祥会务会展网，http://huiyi918.com.

责任编辑：郭海燕

责任印制：冯冬青

封面设计：何　杰

图书在版编目（CIP）数据

酒店会议策划与服务／何祥，李炼主编；宋慧娟，
张芝敏，孙冬燕参编. -- 北京：中国旅游出版社，
2017.3（2022.7 重印）

国家骨干高职院校旅游类规划教材

ISBN 978 - 7 - 5032 - 5772 - 8

Ⅰ.①酒…　Ⅱ.①何…　②李…　③宋…　④张…　⑤孙
…　Ⅲ.①饭店—会议—组织管理学—高等职业教育—教材

Ⅳ.①C931.47

中国版本图书馆 CIP 数据核字（2017）第 015047 号

书　　名：酒店会议策划与服务

作　　者：何祥，李炼主编；宋慧娟，张芝敏，孙冬燕参编

出版发行：中国旅游出版社

　　　　　（北京静安东里 6 号　邮编：100028）

　　　　　http：//www. cttp. net. cn　E - mail：cttp@ mct. gov. cn

　　　　　营销中心电话：010 - 57377108，010 - 57377109

　　　　　读者服务部电话：010 - 57377151

排　　版：北京旅教文化传播有限公司

经　　销：全国各地新华书店

印　　刷：北京明恒达印务有限公司

版　　次：2017 年 3 月第 1 版　2022 年 7 月第 3 次印刷

开　　本：787 毫米 × 1092 毫米　1/16

印　　张：10

字　　数：230 千

定　　价：32.00 元

Ｉ Ｓ Ｂ Ｎ　978 - 7 - 5032 - 5772 - 8